U0142142

最實用

圖解

圖文並茂・容易理解・即學即用

經濟學最重要概念

第二版

朱延智 博士 著

書泉出版社 印行

作者序

为什麼有人一聽到經濟學，就會退避三舍？那是因為以往用了，太多深奧的統計，以致於讓人無法進入，經濟學的核心精神。如果連基本核心精神都不知道，那又如何能夠運用呢？所以如何將經濟學簡單化，但又不失其準確性，這是本書的期望所在。

上帝給人很棒的頭腦，將各種經驗哲理，歸納為經濟學，用以解決人類問題，滿足人類的需求。經濟學涵蓋各大門派的理論思想，您只要能吸收本書，就可以進入多采多姿的經濟世界。因為透過圖解，可以迅速的掌握經濟學的菁華，並可以藉此開發　上帝賞給人類的豐富資源。

但如果人能掌握經濟的原理原則，可是卻很缺德的時候，這個社會就會從彩色世界，變成冷酷、恐怖、無情的黑暗世界。譬如，2013年底的黑心油、黑心奶粉、黑心果汁、黑心蜂蜜、黑心麵包、黑心健康食品……，弄得社會人心惶惶，國際形象大打折扣！所以學經濟，更要學經濟道德！但這正是目前大學在教授經濟學時，所極度缺乏的。這樣的嚴重缺乏，究竟對長遠的國家、社會，會帶來什麼樣的影響？這是教育部以及各大學，應該立刻徹底省思的！否則就會教出一堆學理很厲害，卻無仁心的經濟人，本來是公僕，結果最後卻騎在人民頭上，自稱為「爺」的人！您說經濟道德重不重要？

這本書要感謝五南圖書公司的副總編輯張毓芬小姐，我要感謝這位認識將近13年的朋友，沒有她，唉……我想個人所有的才華，可能都不能如此有系統的貢獻社會，因此在這裡，真的要深深向她，表示我由衷的感謝與感激！這本書家嵐默默的付出很多辛勞，而且極為仔細，所以要在這一併敬致最高的敬意與謝意。

朱延智
2014 年 1 月 8 日筆於彰化坪頭

目次

作者序   iii

第 1 章
經濟學導論

1-1 　不要怕經濟學 002

1-2 　經濟學的分類 004

1-3 　經濟學的分析與研究 006

1-4 　經濟學的發展 008

1-5 　財貨與市場 010

1-6 　經濟體系循環 012

1-7 　經濟道德 014

1-8 　經濟目標 016

第 2 章
直搗經濟學的核心──供給、需求

2-1 　需求 020

2-2 　影響需求的關鍵 022

2-3 　需求法則 024

2-4 　供給 026

2-5 　影響供給量的關鍵 028

2-6 　均衡 030

2-7 市場動態均衡 032

2-8 市場機能與價格彈性 034

2-9 彈性決定因素 036

第 3 章
消費者與生產者

3-1 總效用與邊際效用 040

3-2 消費 042

3-3 生產 (一) 044

3-4 生產 (二) 046

3-5 生產成本 048

3-6 生產要素成本 050

3-7 生產可能線 052

3-8 機會成本 054

3-9 利潤 056

3-10 生產者剩餘、消費者剩餘 058

3-11 外部效果 060

3-12 規模報酬 062

第 4 章
市場結構

4-1　市場 066

4-2　經濟效率 068

4-3　完全競爭市場 070

4-4　壟斷性競爭 072

4-5　寡占市場 074

4-6　獨占市場 076

第 5 章
經濟制度與政府

5-1　總體經濟學 080

5-2　經濟制度 082

5-3　市場失靈 084

5-4　政府經濟角色 086

5-5　政府失靈 088

5-6　總體經濟政策 090

第 6 章
國民所得

6-1　國民所得 094

6-2　綠色國民所得 096

6-3　國民生產毛額 098

6-4　國內生產毛額 100

6-5　國內生產毛額的類型 102

6-6　「國內生產毛額」支出面分析 104

6-7　計算國內生產毛額 106

6-8　經濟成長率 108

6-9　經濟發展 110

6-10　經濟福利 112

6-11　個人所得 114

6-12　所得分配 116

6-13　緩解所得分配不均 118

第 7 章
物價

7-1　消費者物價指數 122

7-2　通貨膨脹 124

7-3　通貨膨脹的壞處與解決 126

7-4 停滯性通貨膨脹 128

7-5 通貨緊縮 130

7-6 失業（一）..........132

7-7 失業（二）..........134

第 8 章
景氣波動與政府功能

8-1 景氣循環意義與原因 138

8-2 景氣循環分類 140

8-3 衡量景氣變化的指標 142

8-4 景氣衰退 144

8-5 經濟預測 146

8-6 政府支出 148

8-7 政府的財政政策 150

8-8 政府的財政收入 152

8-9 中央銀行貨幣政策 154

8-10 貨幣 156

8-11 貨幣供需 158

第 9 章
總體消費理論

9-1　總體消費理論 162

9-2　簡單凱因斯模型 164

9-3　儲蓄 166

9-4　投資 168

9-5　凱因斯學派之危機處理 170

9-6　貨幣學派之危機處理 172

9-7　其他重要經濟學派 174

第 10 章
國際收支與外匯

10-1　國際收支帳 178

10-2　國際收支均衡 180

10-3　國際收支失衡 182

10-4　國際匯兌 184

10-5　匯率制度 186

10-6　匯率決定的理論 188

10-7　外匯市場 190

第 11 章
國際貿易

11-1　貿易理論與利得 194

11-2　古典國際貿易理論 196

11-3　要素稟賦理論 198

11-4　「里昂提夫矛盾」 200

11-5　重疊需求理論 202

11-6　貿易依存度、貿易依賴度 204

11-7　貿易政策、工具 206

11-8　貿易條件 208

11-9　貿易政策的工具——關稅 210

11-10　非關稅貿易障礙 212

11-11　區域經濟整合 214

11-12　國際重要經貿組織 216

第 1 章
經濟學導論

1-1 不要怕經濟學

1-2 經濟學的分類

1-3 經濟學的分析與研究

1-4 經濟學的發展

1-5 財貨與市場

1-6 經濟體系循環

1-7 經濟道德

1-8 經濟目標

　　英國大文豪蕭伯納說：「經濟學是一門使人生幸福的藝術」。這樣的說法很有道理，因為經濟學 (Economics) 就是研究，在有限資源的情況下，如何透過決策，使資源作最有效率配置，而使人的欲望，達到諸般限制下的最大滿足的社會科學。有個笑話是這樣說的，某護士對醫生說：「醫生，你有沒有注意到，最近生雙胞胎的，特別多？」醫生回答說：「可能是因為現在房價太貴，單獨買不起，所以他們一起出來。」以上雖是笑話，但若真因買不起房子，而「選擇」兩個人出來，那就是一種經濟行為。如何「選擇」，就是經濟學的核心。

一、經濟學的定義

　　主要分析人在資源有限的情況下，如何「抉擇」的科學。1. 狹義的經濟學：以研究經濟行為的學科，主要是針對生產、分配及消費，進行研究的社會科學；2. 廣義的經濟學：經濟學是透過經濟的工具，來分析人在資源有限的情況下，如何選擇的科學。研究的範圍，甚至包括對犯罪、家庭結構的探討。

二、研究經濟學目的

　　以效率 (Efficiency) 為核心，追求人欲望的滿足、資源有效配置。

三、經濟學的功能

　　有助於正確的經濟決策，用白話說，就是讓你的選擇不吃虧。為什麼要選擇？這主要是因為 1. 資源有限：土地、資本、勞動力、技術、企業家職能；2. 欲望無窮：人類與生俱來便擁有欲望，而且欲望不斷增加。在「有限資源」和「無限欲望」兩者衝突下，經濟學發揮了它的功能。

四、經濟學「四大」核心

　　1. 資源有限；2. 欲望無窮；3. 資源有多種用途；4. 如何選擇。在這「四大」核心中，人的主動性是關鍵，這個關鍵就是「選擇」。

五、經濟學的基本假設

　　基本假設是最基礎的根基，根基若有誤，上面所建構的學問，就會出現問題。主流經濟學的基本假設有三項：

　　(一) 理性：人 (包括廠商) 會考量條件的限制，做出決策。

　　(二) 自利：人會追求自己最大的經濟利益。「自利行為」有三個特徵：1. 自我中心的福利 (Self-centred welfare)；2. 自我福利目標 (Self-welfare goals)；3. 自我目標的選擇 (Self-goal choice)。

　　(三) 私利與公益調和：人按照自利心進行決策，結果卻會得到「社會最大福利」。

六、基本假設的思考

　　完全理性假設認為人們會根據所有訊息，考慮所有複雜結果後，依據理性計算做出最佳決策。但資訊不對稱是市場結構，普遍的現象。在資訊不對稱的情況下，人不是上帝，所以以如何能夠達到理性？

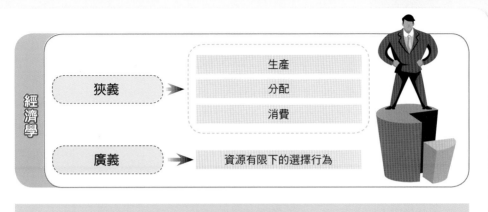

經濟學

狹義 → 生產 / 分配 / 消費

廣義 → 資源有限下的選擇行為

經濟學的功能 ┈┈▶ 正確的經濟決策

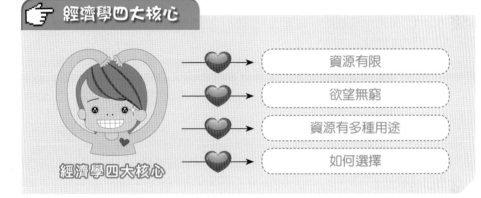

☞ 經濟學四大核心

經濟學四大核心

❤ → 資源有限
❤ → 欲望無窮
❤ → 資源有多種用途
❤ → 如何選擇

主流經濟學基本假設 ▶ 理性 / 自利 / 私利與公益調和 ▶ 自我中心的福利 / 自我福利的目標 / 自我目標的選擇

研究經濟學的目的

追求欲望滿足

資源有效配置

一、經濟學分類

　　經濟學是從政治經濟學獨立出來，且逐漸成為有系統的一門學問。它以研究的對象，區分為個體經濟學、總體經濟學。但是在個體經濟學與總體經濟學之間，缺乏了連接兩者的橋梁，那就是產業經濟學。

二、研究對象

　　根據研究的對象，可分為個體經濟學、總體經濟學。

(一) 個體經濟學：是以個別廠商或消費者的經濟行為為研究對象，探討有關個人、家庭、個別廠商等各種問題的經濟學，以「價格」為研究中心，故又稱為價格理論或廠商理論。

(二) 總體經濟學：它是分析整個經濟體系 (家庭、廠商和政府)、資源效率 (包括使用效率、產出效率等) 極大化的決策科學。以所得、就業、物價、利率為研究的中心，又稱所得理論或就業理論。譬如，我國薪資所得倒退 16 年，就是總體經濟學研究的對象。

　　※ 產業經濟學：也稱為產業組織 (Industrial organization)，主要討論經濟體系內各種的產業結構，與廠商行為及其經濟績效，也就是產業結構－廠商行為－績效。譬如，目前在太陽能廠商的產業結構下，廠商採取何種策略，會得到何種績效。

三、研究性質

　　根據是否有價值判斷，可分為實證經濟學、規範經濟學。

(一) 實證經濟學 (Positive economics)：不涉及主觀價值判斷，也不回答「好不好」，或「應不應該」等問題。重點在於運用經濟學理論，討論經濟世界的因果關係，究竟「是什麼」的科學。

(二) 規範經濟學 (Normative economics)：涉及倫理道德價值判斷，所以主軸在於探討，「應該是什麼」(What it ought to be)，或經濟行為的是非善惡等議題。但其理論基礎，仍奠基於實證相關的經濟行為。譬如，兩岸「服貿法案」會擴大臺商的市場，但也影響國內微型企業，所以這到底是「好」，還是「壞」？這就涉及「價值判斷」了。此「價值判斷」的評量標準，是效率和公平分配。

 小博士的話

　　經濟學的分類，是非常的多采多姿，有人從研究範圍區分為宏觀經濟學、中觀經濟學、微觀經濟學。從已發展的歷史來看，又可分為家庭經濟學、政治經濟學、勞動經濟學、軍事經濟學……。這些分類都是在告訴我們，以經濟學為主體的學問，可以滲透到各個領域，成為各領域的幫助。

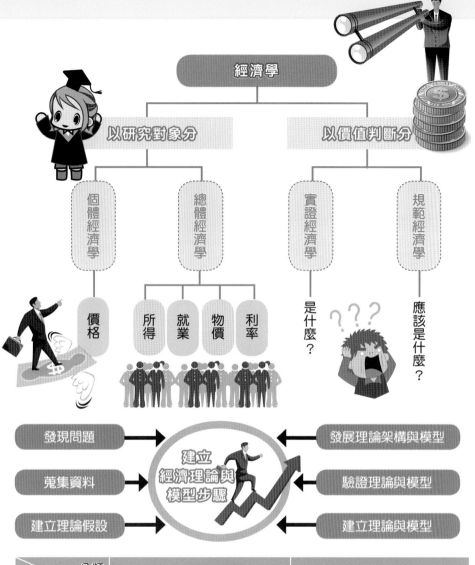

分類 項目	個體經濟學	總體經濟學
分析對象	家計、廠商等經濟個體	全國及社會的經濟活動
基本假設	充分就業	不一定充分就業
主要目標	消費者追求最大滿足；生產者追求最大利潤	社會福利最大化
分析重點	價格理論	所得、就業、物價、利率
主要內容	研究如何透過價格機能，分配資源，用於生產、消費	研究達成經濟成長、所得分配的方法

　　到底簽訂兩岸服務貿易協議，好不好？到底對這些黑心油商 (大統、頂新、福懋)，罰款獲利的 100 倍好呢？還是永遠不准他們再從事相關行業好呢？這些都可以從經濟分析中，獲得相關的結論。

一、研究經濟的方法：1. 演繹法；2. 歸納法；3. 數理法；4. 模型法。

二、經濟學分析的核心概念：1. 利益極大化 (趨利避害)；2. 均衡 (是指穩定的狀態)。

三、經濟分析

(一) **均衡**：是一種不會自發性改變的狀態，在均衡狀態下，經濟主體得到最大滿足。這又分「部分均衡分析」，是針對單一市場、單一個體分析；「一般均衡分析」是同時考慮，所有的變數。

(二) **狀態分析**：1. 靜態分析 (指穩定狀態)；2. 比較靜態分析 (指兩個均衡點分析)；3. 動態分析。

四、經濟理論 (模型) 如何獲得？對複雜的經濟行為與現象，透過客觀的觀察、簡化、分析、歸納，以獲得一般性的原理原則與經濟模型。經濟學的各種理論，都涵蓋各種關鍵的變數。基本上，它是建構在一系列的假設之上，是系統化所串聯的相關陳述，用來解釋生活等特定面向，是了解實務、解釋現象的有利途徑。

五、經濟理論 (模型) 的功能：1. 描述經濟現象；2. 分析經濟現象；3. 預測未來趨勢。

六、經濟變數：變數就是影響事務發展的關鍵，在經濟模型中，必然有變數。這些變數譬如像個體經濟學的商品價格、產量、銷售量、成本；總體經濟學的就業、物價、貨幣、匯率、利率等。

(一) **內生變數**：性質與數量，必須由模型予以決定，在模型中為已知數或常數。

(二) **外生變數**：性質及數量不須由模型決定，屬於未知數。

七、經濟學邏輯常見的錯誤

　　經濟學不是放諸四海皆準的絕對真理，常見的推論錯誤，主要有三種。

(一) **合成錯誤 (Fallacy of composition)**：誤以為部分是對的，最後的結果，也是對的。譬如，個人節儉是好事，但全國節儉則造成整體需求萎縮，工作機會減少。

(二) **分割錯誤 (Fallacy of division)**：誤認為對總體有利，對個體也一定有利，即以偏概全。譬如，兩岸「服貿協議」，對臺商有利，對臺灣微型企業也有利。

(三) **因果錯誤 (Causal fallacies)**：誤以為兩者具有前因後果的關係，或是把發生時間相近的事件，誤以為有因果關聯。譬如，東協經濟不景氣，臺灣也不景氣，而認為臺灣不景氣是東協不景氣的「結果」。

研究經濟的方法

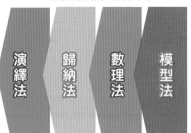

演繹法　歸納法　數理法　模型法

經濟理論的功能

內生變數 → 已知

外生變數 → 未知

描述經濟現象

經濟理論的功能

預測趨勢

分析經濟現象

👉 經濟學常見的錯誤

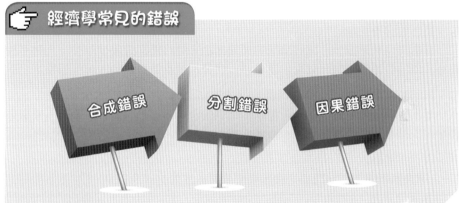

合成錯誤　分割錯誤　因果錯誤

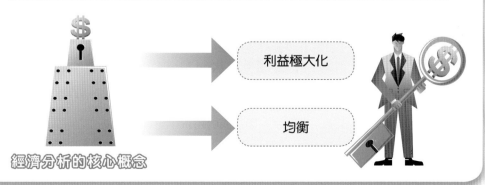

利益極大化

均衡

經濟分析的核心概念

1-4　經濟學的發展

　　經濟學是一種社會科學，它是從政治經濟學分離出來，借用科學方法對經濟現象加以研究，而得到經濟理論、經濟法則與經濟模型。目前自由社會的主流經濟學，大致可分五階段。

一、前古典經濟學階段

　　這個階段主要以重商主義和重農主義為主。

(一) **重商主義**：強調一國金銀存量的多寡，將決定國力的強弱。

(二) **重農主義**：崇尚經濟自由及重視生產。

二、古典經濟學階段

　　它融合重商主義與重農主義兩大學派的主張，並肯定私有經濟的市場價格機能。主要代表人物是 1776 年英國亞當・史密斯 (Adam Smith, 1723-1790)，代表著作是他的《國富論》(*The Wealth of Nations*)。從此，經濟學脫離政治經濟學，獨立成為一門學科。他強調「價格機能」、「勞動價值說」。另外，兩位重要的代表學者是 1. 大衛・李嘉圖 (David Ricardo) 與其著作《政治經濟學與稅賦原理》；2. 馬爾薩斯 (Thomas Robert Malthus, 1766-1834) 與其著作《人口論》。

三、新古典經濟學階段

　　新古典經濟學繼承古典經濟學的經濟自由，並以邊際效用價值論，代替了古典經濟學的勞動價值論，以需求為核心，代替以供給為核心的古典經濟學。

四、凱因斯經濟學

　　提出「有效需求理論」、「需求創造供給」、「流動性偏好說」、「乘數原理」、「基本消費心理法則」、「節儉的矛盾」。

五、現代經濟學派

(一) **理性預期學派**：沒有被人民預期的政策，才會有政策效果。

(二) **重貨幣學派**：貨幣政策的效果大於財政政策，並提出「天下沒有白吃的午餐」的警語。

(三) **供給面學派**：強調提高生產力，是解決通貨膨脹的方法；降低稅率為提高生產力的方法，此學派又稱為「雷根經濟學」。

　　不同於以上五大階段，德國的馬克斯 (Karl Marx, 1818-1883)，於 1867 年發展出「資本論」(Das Capitacal) 的體系，因而成為共產制度的理論基礎。他提出「剩餘價值說」、「唯物史觀」、「階級鬥爭論」。馬克斯認為經濟自由，為資本家剝削勞工，提供了大環境。而利潤的由來，主要是血汗工廠所剝削勞工而來。

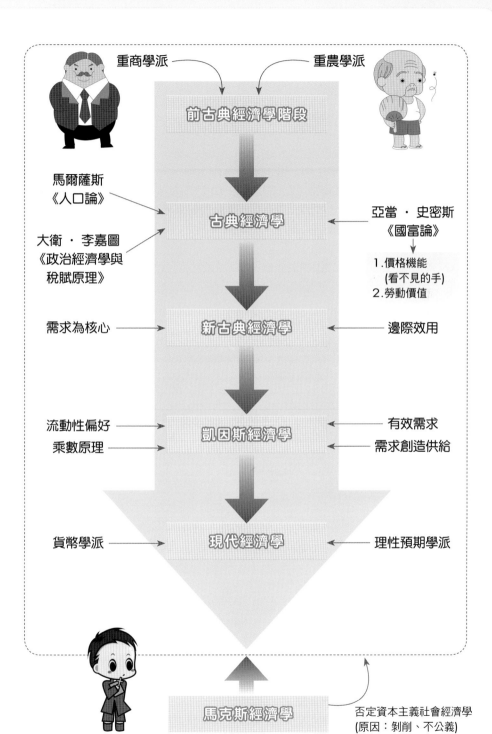

重商學派　　　　　　　　　重農學派

前古典經濟學階段

馬爾薩斯
《人口論》

大衛 · 李嘉圖
《政治經濟學與
稅賦原理》

古典經濟學

亞當 · 史密斯
《國富論》

1.價格機能
　(看不見的手)
2.勞動價值

需求為核心　　　　　　新古典經濟學　　　　　　邊際效用

流動性偏好　　　　　　凱因斯經濟學　　　　　　有效需求
乘數原理　　　　　　　　　　　　　　　　　　　需求創造供給

貨幣學派　　　　　　　現代經濟學　　　　　　理性預期學派

馬克斯經濟學　　　否定資本主義社會經濟學
　　　　　　　　　(原因：剝削、不公義)

1-5 財貨與市場

一、基本的經濟問題

　　1. 生產什麼？ 2. 如何生產？ 3. 為誰生產？

二、財貨的區分

(一) 財貨以有償、無償區分

　　大致可區分為「自由財」與「經濟財」等兩大類。

　　1.「自由財」：一般而言，江上的清風，山間的明月，或是目前正熱門的太陽能，都是上帝所賜，不必付出代價 (不必放棄別的東西)，而可以任意取用的，凡是這類的東西，我們都稱為自由財。自由財雖不必付出代價，但常是人生活中不可或缺的必需品。

　　2.「經濟財」：又稱有償財，是指供應量有限，必須支付代價，才能取得的商品或勞務。譬如，智慧型手機、汽車等。

　　「自由財」因時空環境改變，有可能會變成「經濟財」。譬如，當空氣都變成汙濁後，清淨的空氣，就有可能變成「經濟財」。

(二) 以有無「排他性」區分

　　可區分為「公共財」與「私有財」等兩大類。譬如，私人泳池可拒絕他人使用；政府提供的公園綠地，就無法限制別人參觀使用。此外，也不會因為有人先使用，就降低後者的使用效益，此稱為「無敵對性」。譬如博物館，不會出現先使用的效益高，而後使用的效益低的現象。

三、財貨的價值

　　在經濟行為上，貨物可以有三種不同的價值：1.「生產價值」；2.「使用價值」；3.「交換價值」。

　　「交換價值」是指當一種產品在進行交換時，能換取到其他產品的價值。例如，漁夫用 l 條魚與農民換到了 10 斤小米，那麼 1 條魚的交換價值，就是 10 斤小米。或者說，1 條魚值 10 斤小米，也可以說 1 條魚 =10 斤小米。

四、「價值的矛盾」(Paradox of value)

　　水比鑽石有用，但是價格卻遠不如鑽石，這在經濟學上稱為「價值的矛盾」。

五、生產四要素

　　在生產過程中，必須投入的各項資源，就是生產要素。傳統的生產要素是指，土地、勞動、資本、企業才能 (企業家精神)。在新經濟時代，知識經濟與網路的運用，則更顯重要。

(一) 土地：指的是一切自然界所賦予的資源，包括礦產、農產、林木等。

(二) 勞動力：包括勞心與勞力的工作，都屬於勞動力範疇。

(三) 資本：為一切人造資源皆屬之。

(四) 企業才能：指的是企業家的經營能力，與冒險求利的創新精神。這可分為三類：1. 組合生產要素進行生產的組織能力；2. 創新能力；3. 承擔風險的能力。

基本經濟問題

生產什麼？

如何生產？

為誰生產？

財貨價值
- 生產價值
- 使用價值
- 交換價值

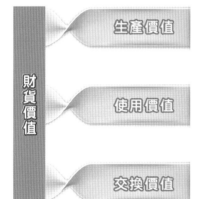

財貨

有償 → 自由財
無償 → 經濟財

財貨

排他性 → 公共財
無排他性 → 私有財

組織能力
創新能力
承擔風險
→ 創新精神
經營能力
企業才能
← 生產要素 →

勞動力
土地
資本

公共財與私有財區分

排他＼敵對	敵對性	無敵對性
排他性	純私有財	準公共財
無排他性	準私有財	公共財

1-6 經濟體系循環

一、假設整個經濟體系 (Economy) 只由兩個部門組成
一是家庭，另一是廠商。

二、消費與供給
家庭 (Household) 屬於消費的部門，家庭必須將購買商品的金額給廠商；廠商把生產出來的商品，或提供勞務來給家庭使用。家庭與廠商、消費與供給，都是相輔相成，缺一不可。

三、生產要素與工資
廠商 (Firm) 是關鍵的生產部門；家庭是生產要素的供給者 (譬如，勞動者來源)，當家庭提供智慧與勞動力時，廠商必須給家庭工資回報。

四、主要市場
主要的市場有「商品市場」、「生產要素市場」、「資本市場」。

(一)「商品市場」
商品在兩個部門間，或之內的交易，均稱為「商品市場」。

(二)「生產要素市場」
在生產要素面，廠商部門組合各種資源，譬如，勞動力、資金及機器設備等，來生產商品。其中勞動力的取得，是從「勞動市場」中取得。

(三)「資本市場」
企業部門取得資金，以購買各類生產要素，屬於「資本市場」。

五、商品的市場

(一) 家庭或消費者
「家計部門」在這市場是扮演需求者 (亦即買方) 的角色，其所面臨的經濟問題，是在既定的所得及市場價格限制下，到市場去購買商品，希望能獲得最大滿足的商品組合。

(二) 廠商或生產者
廠商在這個市場，是扮演供給者 (亦即賣方) 的角色。其所面臨的經濟問題，是面對市場需求限制下，如何獲得最大利潤。

六、生產要素的市場

(一) 家庭
家庭在此市場的角色為供給者 (賣方)，也就是個人必須貢獻勞動力，廠商才會付出薪資。如此「家計部門」才會有所得，也才能到商品市場，去購買所需的商品或服務。

(二) 廠商
廠商在此市場為需求者 (買方)，也就是在既定產量的限制下，選擇某種要素組合，使得其成本最小，利潤最大。

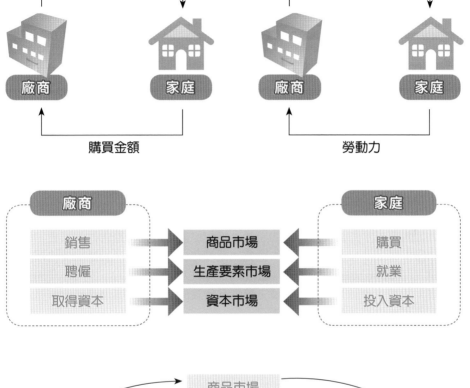

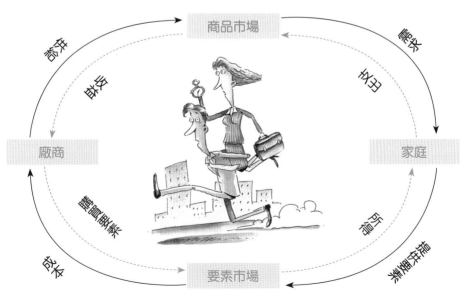

1-7 經濟道德

　　經濟學對於經濟道德這個議題，幾乎很少觸碰！因為不考，所以也不教。但只要有人開始批判經濟學「缺德」，立刻就會有人抬出，「現代經濟學之父」亞當·史密斯 (Adam Smith) 的鉅著《道德情操論》(The Theory of Moral Sentiments)，指出有三種力量，可調整人的私欲，一是良心，二是法律，三是地獄的烈火。所以經濟學不「缺德」！

　　有多少老師在上課的時候，真正強調這三大力量？又用了多少的時間，強調道德在市場經濟中，有多麼的重要！所強調的就是《國富論》(The Wealth of Nations) 的「利己」。所以整個個體經濟學，在說明價格與數量的關係時，強調消費者要追求一己最大的效用，也就是最大的滿足；廠商則是最低成本，以獲取最大利潤。如果在缺乏經濟道德的情況下，廠商想的最低成本、最大利潤，其結果會是什麼？

一、缺德造成恐怖的社會

　　外國劣質米混充臺灣米，高價出售；外國低價茶混充阿里山的茶來賣；蜂蜜裡沒蜂蜜；花生油裡沒花生成分；橄欖油裡沒有橄欖成分；米酒是用香精調的；沙茶醬是用 20 年前的臭魚，和其他髒東西做的；雞肉、豬肉、牛肉都有問題；菜裡農藥過多。金融業亂賣連動債；醫生拿劣質藥給病人，卻拿昂貴的價格。這樣唯利是圖的恐怖社會，大家都受害！

二、缺乏經濟道德的原因

(一) **貪婪**：貪婪、私欲腐蝕人心。

(二) **罰則過輕**。

(三) **法官不懂經濟亂判**：塑化劑重創國家產業形象，傷害到許多廠商，賠償不到 200 萬元，是獲利的千萬分之一，這不是鼓勵繼續做黑心事嗎？

(四) **政治不良示範**：陳水扁前總統、林益世等缺德效應。

(五) **缺德的教育**：師範大學連德育要求的成績都不要，教育部長說：尊重！今天社會如此缺德，教育部不應該負責嗎？德育不該從根做起，扭轉缺德的風潮嗎？

三、重建經濟道德的策略

　　1. 道德教育；2. 補修法律破口；3. 法官養成教育，須加入道德，司法官考試應加入道德這門科目，同時要查大學德育成績，若成績過低則不適合擔任法官；4. 宗教：亞當·史密斯是信上帝的，因此強調地獄的烈火。所以未來如何讓人敬畏上帝，以及對最後的審判，有所畏懼而不敢為非。5. 政治人物應當有德。

 小博士的話

1976年諾貝爾經濟學獎得主米爾頓·弗里德曼說：「不讀《國富論》不知何謂「利己」。讀了《道德情操論》，才知「利他」，才是問心無愧的「利己」。」

亞當・史密斯 → 道德情操論 → 良心 / 法律 / 地獄烈火 → 調整私欲

 缺乏經濟道德的原因

缺乏經濟道德的原因

- 貪婪
- 罰則過輕
- 法官缺乏經濟知識
- 政治不良示範
- 缺德的教育

 道德教育

 政治人物示範

 補修法律破口

重建經濟道德的策略

宗教

 法官養成教育加入道德與經濟 (必修)

1-8 經濟目標

　　一般的經濟學，將經濟目標大致分為「提高效率」、「實現公平」。但有哪一個國家不希望，國家經濟富強！其實「效率」表面是談資源分配及個人效用，但最終所希望的最高目標與期望，難道不是國家富強嗎？因此，本書將「經濟實力」納入，與「提高效率」、「實現公平」，同列為經濟目標。

一、經濟目標

　　效率、公平分配、經濟實力，這三者何者比較重要，我認為是三者一樣重要。

二、效率

　　經濟效率是指經濟活動中，投入與產出的對比關係。對於一個企業或社會來說，最高效率意味著資源，處於最優配置狀態，從而使特定範圍內的需要，得到最大滿足，或福利得到最大增進，或財富得到最大增加。薩繆爾森曾指出，「效率」是指最有效地使用社會資源，以滿足人類的願望和需要。效率的四個向度，可分為 1. 交易效率；2. 生產效率；3. 資源配置效率；4. 制度效率。

三、公平

　　福利最大化的分配狀態，即可稱為「公平」分配。公平基本上可分為：1. 起點公平；2. 過程公平；3. 結果公平。

四、經濟實力

　　經濟實力雖可以有經濟個體、經濟總體之分，但本處主要是指總體，其內涵是一國在經濟上的實力與活力。

經濟實力指標表

研究機構	經濟指標
臺灣經濟研究所	GDP、經濟成長率、就業率、失業率。
經濟部	經濟成長率、GDP、GNP、個人平均GDP、個人平均GNP、失業率、躉售物價年增率、消費者物價年增率、進出口市場占有率、國家基本利率、外匯存底。
行政院主計總處	人口、經濟成長率、GNP、GDP、個人平均GDP、消費者物價年增率、躉售物價年增率、工業生產指數年增率、進出口貿易值、貨幣總計數之變動、匯率、利率、失業率。
世界銀行	GDP及個人年平均所得。

經濟目標

效率　　　公平　　　經濟實力

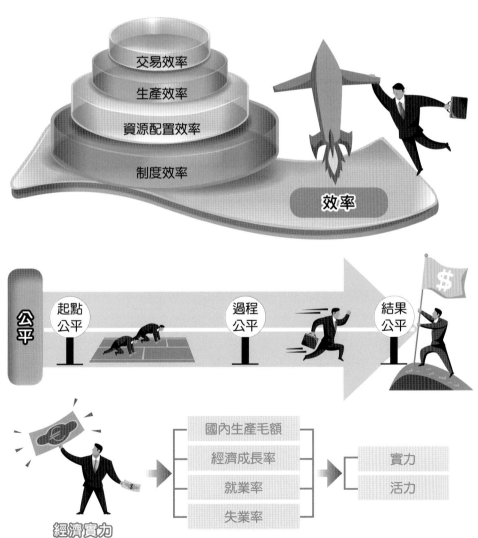

交易效率

生產效率

資源配置效率

制度效率

效率

公平

起點公平　　過程公平　　結果公平

經濟實力

國內生產毛額

經濟成長率

就業率

失業率

實力

活力

Date _____/_____/_____

第 2 章
直搗經濟學的核心
——供給、需求

2-1　需求

2-2　影響需求的關鍵

2-3　需求法則

2-4　供給

2-5　影響供給量的關鍵

2-6　均衡

2-7　市場動態均衡

2-8　市場機能與價格彈性

2-9　彈性決定因素

一、「需求」定義

經濟學將「需求」定義為「需求量與價格的關係」，這只說明「需求」的部分內涵。實際上，「需求」是一種人類真正的需要，譬如人有食、衣、住、行、育、樂等需要。馬斯洛提出「人類需求」五層次理論 (Maslow's Hierarchy of Needs)，他把需求分成生理需求、安全需求、歸屬與愛的需求、尊重和自我實現需求五類，依次由較低層次到較高層次排列。

二、「需求量」定義

當其他條件 (所得、偏好、物價) 未變，消費者對某一特定財貨或勞務，在一定期間內，消費者有意願，且有能力購買的商品數量。

三、需求量的變動 (Changes in the quantity demanded)

專指商品或服務「價格變動」，以及「價格以外的因素變動」，所引起需求量的變化。

四、影響需求的核心關鍵——所得

在經濟學領域，所得可分為「名目所得 (Nominal income)」與「實質所得 (Real income)」。

「名目所得」是指名義上或表面上的所得，但是這個所得的數字，與「貨幣的實質購買力」無關。如果要衡量所得的實際購買力，則要扣除掉物價上漲率之後，才是真正的「實質所得」。例如，兩國的貨幣所得相同，但是物價水準並不相等，物價較高國家的實質所得其實會較低；反之，物價較低國家的實質所得會較高，因此要考慮實質所得，才能真實反映兩國人民的生活水準。

名目所得＝實質所得＋通貨膨脹

五、舉例說明

當烤玉米每支賣 50 元時，「小張」每周的需求量是 10 支，「小朱」每周的需求量是 20 支。假設市場的需求量就是「小張」加上「小朱」的量，此時，每周市場的總需求量，就是 30 支。但是當價格變成 80 元一支，小張不買了，小朱的需求量，也減少為 10 支，所以此時市場需求總量為 10 支。如果價格變成 100 元，「小朱」的需求量也變成 0，此時，每周市場的總需求量就是 0。

小博士的話

人的需求真是琳瑯滿目，從食、衣、住、行、旅遊、投資、到居家裝潢、水電裝修等。要在這經濟動盪的大時代，要看到、也要期許自己能對社會、對其他人，有什麼樣的貢獻，這樣的人生，才是有意義的人生！畢竟施比受更有福！

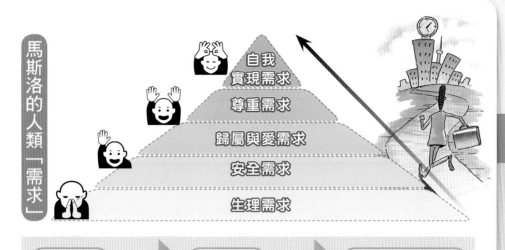

馬斯洛的人類「需求」

自我實現需求

尊重需求

歸屬與愛需求

安全需求

生理需求

經濟學 ➡ 「需求」 ➡ 價格與量的關係

需求量

其他條件不變 (所得、偏好、物價)

一定時間內

有意願購買

有能力購買

影響「需求」 ➡ 所得 ➡

名目所得 (表面數字)

實質所得 (扣除物價上漲)

案例說明

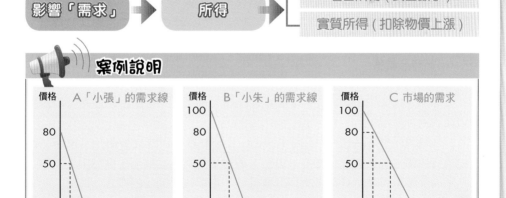

A「小張」的需求線

B「小朱」的需求線

C 市場的需求

(1) 市場需求是個人需求的總和。

(2) P_X的衡量單位是貨幣/數量單位;X的衡量單位是數量/時間單位。

(3) 價格與數量呈反比。

(4) P＝80以上,「小張」的需求為0,市場需求就是B(小朱)的需求。

一、影響「需求量」變化的關鍵

　　1.偏好；2.所得；3.相關商品價格；4.預期通貨膨脹及所得；5.消費者人數。

二、需求增加的原因

　　1.消費者偏好增強；2.所得增加；3.預期所得增加；4.替代品商品價格上升；5.互補品價格下跌；6.預期通貨膨脹；7.消費者人數增加。

三、需求減少的原因

　　1.消費者偏好減弱；2.所得減少；3.預期所得減少；4.替代品商品價格下跌；5.互補品價格上升；6.預期價格下跌；7.消費者人數減少。

四、解釋影響「需求量」的變數

(一) 偏好：偏好是指當消費者，面對不同的消費組合 (Consumption boundle) 時，主觀的意見與判斷。愈偏好某種商品時，需求量就愈大。譬如，在經濟不穩時，對黃金就抱有較大的偏好。

(二) 所得：上帝所造都是美好的！但經濟學者以多採購、或少購買，來判斷究竟是「正常財 (Normal goods)」，還是「劣等財 (Inferior goods)」。

　　1.「正常財」：商品的需求量，隨著所得的變動，而呈同向變動者。「正常財」又分兩種：(1) 必需品：所得增加時，消費會增加，但消費的增加比例，會小於所得的增加比例，例如米飯、肉類。(2) 奢侈品：所得增加時，消費會增加，而且消費增加的比例，會大於所得增加的比例，例如名牌皮包、鑽石。

　　2.劣等財：當某甲所得提高到某一個程度後，對某種商品的需求及採購，明顯減少，這種商品就稱為「劣等財」。

(三) 相關商品價格

　　1.替代品 (Substitution goods)：當甲商品的需求量增加，導致乙商品需求減少 (目前價格)，這兩樣商品可稱為替代品。例如 3D 動畫技術成熟，對於特技演員的需求就減少。

　　2.互補品 (Complementary goods)：當甲商品的需求量增加，導致乙商品在現行的價格下，需求也增高，對此，兩財貨稱之為互補品。例如甲為汽車、乙為汽油；毛筆與墨水、釘書機與釘書針等，也都是互補品的概念。

(四) 預期通貨膨脹及所得：當其他條件未變，而預期未來自己所得會增加，因此在現行的價格下，會立刻增加對該商品的需求；另外，當預期未來商品 (房屋) 價格會上升，也會立刻增加現在對該商品的需求。

(五) 消費者人數：中國大陸 13 億人口、印度 10 億，消費者人數愈多，需求量愈大。

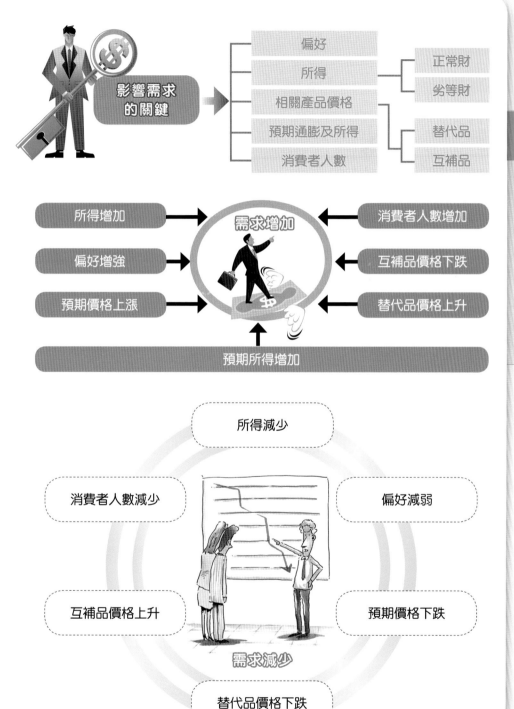

影響需求
的關鍵

偏好

所得　　　　　　　　正常財

相關產品價格　　　　劣等財

預期通膨及所得　　　替代品

消費者人數　　　　　互補品

所得增加　　　→　　需求增加　　←　　消費者人數增加

偏好增強　　　→　　　　　　　　←　　互補品價格下跌

預期價格上漲　→　　　　　　　　←　　替代品價格上升

預期所得增加

所得減少

消費者人數減少　　　　　　　　偏好減弱

互補品價格上升　　　　　　　　預期價格下跌

需求減少

替代品價格下跌

需求法則

一、「需求」法則

從馬斯洛的需求理論得知，影響人的需求，變數很多，而且不一定跟錢 (價格) 扯得上關係。但在經濟學領域，則只強調「需求」和「價格」，兩者之間的關係，並將「需求法則」界定為，「在其他條件不變下，人的需求量與商品價格間，會呈現反向的變動關係」。在其他因素不變下，單考慮一物本身的價格，則當價格愈高，消費者買得愈少；也就是一物的價格與需求量，呈反向變動關係。譬如，房價飆漲，買房的年輕人，就變少了。

二、「需求」法則涵蓋兩大邏輯

(一) 所得效果 (Income effect)

當某需求的商品價格下跌時，所得儘管不變，但因商品價格下跌，無形之中，等於所得增加，買得商品量增加。當不景氣時，這種現象最常見。

(二) 替代效果 (Substitute effect)

當某需求的商品價格飆漲時，所得儘管不變，但因商品價格飆漲，無形之中，等於所得減少。譬如，高鐵票漲價了，相對坐統聯、臺鐵的人就變多了，兩者之間就產生了替代關係。

三、例外的需求法則

有法則，就會有例外！「需求法則」的例外，指的是「季芬財」(Giffen goods) 和「炫耀財」(Conspicuous goods)。

(一)「季芬財」(Giffen goods)

這是英國統計學者 Sir Robert Giffen(1837-1910) 觀察到的怪異現象，因為一般商品的價格愈低，需求愈高，但是馬鈴薯價格上升時，窮人對馬鈴薯的需求，反而上升。換言之，明明這個東西在漲價，怎麼大家買得更多？因為凡是「季芬財」，大多是生存必需用品，再不買，如果又漲了，那還要活下去嗎？

(二) 炫耀財

這是由 Veblen 所提出。當價格愈高，需求就愈大！這主要的目的，是用以表彰經濟個體之社會地位或財富，因而出現價格與需求量，呈現同向變動的現象。例如，大豪宅或鑽石等。

 小博士的話

價格牽動需求，價格變成需求背後的樞紐，這是市場經濟學的看法。但如果從人生整體的意義來看，人能不能進天堂，其實是人最大的需求。如果人奮鬥了一生，苦了一輩子，結果食衣住行的需求是滿足了，但卻進不了天堂，那不是白活了嗎？

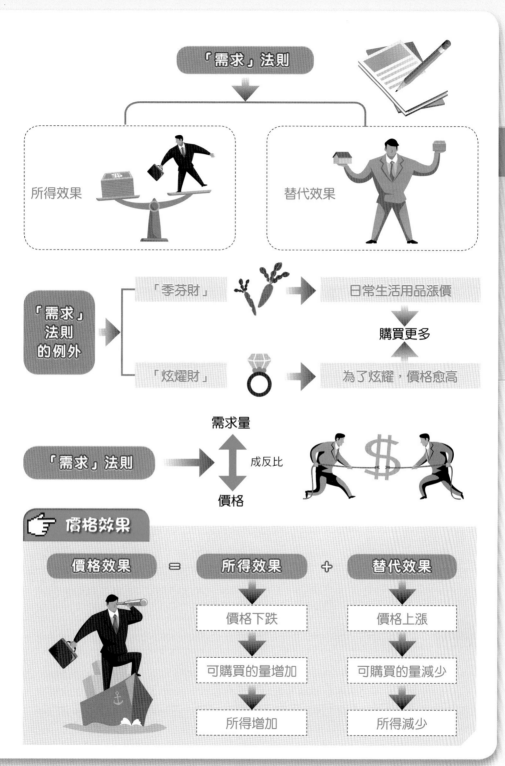

「需求」法則

所得效果

替代效果

「需求」法則的例外

「季芬財」 → 日常生活用品漲價

購買更多

「炫耀財」 → 為了炫耀，價格愈高

「需求」法則 → 需求量 成反比 價格

👉 價格效果

價格效果 ＝ 所得效果 ＋ 替代效果

所得效果	替代效果
價格下跌	價格上漲
可購買的量增加	可購買的量減少
所得增加	所得減少

2-4 供給

一、「供給」定義

在其他情況不變，某一段期間內，廠商對某一特定財貨，在不同價格下，願意且有能力提供市場銷售的數量。

二、「供給量」定義

在其他條件不變之下，對應於某一個生產者於一定時間內，「願意」且「能夠」提供的產量。

三、市場供給

就某一財貨，將所有廠商的供給加總起來，可得在各種可能的市場價格下，全體廠商願意生產的數量。

四、「供給」法則

價格與供給量之間，具有同向變動的關係。當價格上升時，供給量增加；反之，則減少。這種同向變動的基本關係，普遍存在於一般商品的供給量與其價格之間，稱之為「供給法則」(Law of supply)。

五、供給的類型

1.有效供給；2.無效供給；3.固定供給；4.變動供給；5.獨立供給；6.聯合供給；7.個別供給；8.市場供給。

六、供給案例說明

當每支智慧型手機賣 1,000 元時，因無利可圖，廠商無生產意願，所以市場供給量是 0。但是當每支智慧型手機賣 20,000 元時，廠商會盡最大能力生產，但因受限於生產設備及有經驗的員工，每周的總供給量，就是 20 萬支。

七、市場供給量案例

假設市場智慧型手機的供給量，就是「小張」加上「小朱」的量。當每支智慧型手機賣 1,000 元時，因無利可圖，「小張」加上「小朱」都無生產意願，所以市場供給量是 0。「小張」只要價格 10,000 元，就開始生產；「小朱」12,000 元才願意開始生產。「小張」因受限於生產設備及有經驗的員工，在 15,000 元時，就無法再增加供給；「小朱」在 20,000 元時，就無法再增加供給。

 小博士的話

環境唯一不變的就是變，譬如颱風來襲，蔬果價格就會上漲；禽流感疫情擴散，雞肉價格就會下跌；中東若是爆發戰爭，汽油價格會變貴，而汽 會降價。就像最近美國頁岩油的技術逐漸成熟，已可供應自己相關的石油需求，因此原油進口開始大幅減少，預估到 2020 年還有可能出口。

供給類型

有效供給
市場供給
無效供給
個別供給
固定供給
聯合供給
變動供給
獨立供給

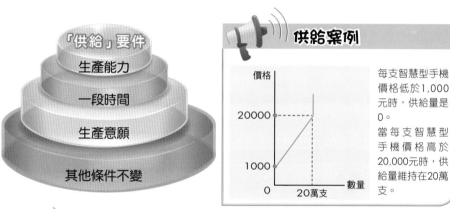

「供給」要件

生產能力

一段時間

生產意願

其他條件不變

供給案例

價格

20000

1000

0   20萬支   數量

每支智慧型手機價格低於1,000元時,供給量是0。
當每支智慧型手機價格高於20,000元時,供給量維持在20萬支。

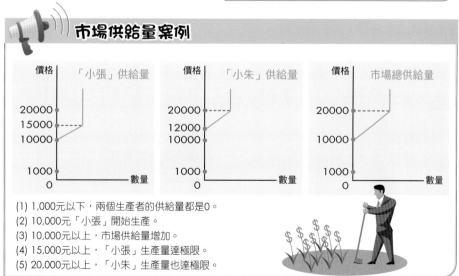

市場供給量案例

價格　「小張」供給量

20000
15000
10000

1000

0   數量

價格　「小朱」供給量

20000

12000
10000

1000

0   數量

價格　市場總供給量

20000

10000

1000

0   數量

(1) 1,000元以下,兩個生產者的供給量都是0。
(2) 10,000元「小張」開始生產。
(3) 10,000元以上,市場供給量增加。
(4) 15,000元以上,「小張」生產量達極限。
(5) 20,000元以上,「小朱」生產量也達極限。

2-5　影響供給量的關鍵

一、供給增減關鍵

1. 生產技術 (提高或下降)；2. 要素價格 (提高或下降)；3. 替代品價格 (提高或下降)；4. 互補品價格 (提高或下降)；5. 預期價格 (提高或下降)；6. 生產者偏好 (提高或下降)；7. 生產者人數 (增加或減少)。8. 政府貨幣政策；9. 突發意外事件。

二、生產技術

當科技不斷創新，自動化生產技術愈來愈進步時，供給量將會大幅提高。譬如，富士康集團採用機器人生產，就是生產技術的進步。

三、生產要素價格

當生產要素 (勞動力、土地、資金) 漲價時，生產成本提高，那麼生產者必定要以較高的價格，才願意供應。譬如，目前購地成本提高，建商為反應成本，自然會提高價格出售。

四、相關生產商品的生產要素價格

(一)「**生產上替代品**」：如果同樣的生產要素，可以用來生產甲產品 (稻米) 或乙產品 (茶葉)，則乙與甲兩種產品，可稱為生產上的替代品。當甲商品 (稻米) 價格上升，生產要素就會往甲 (稻米) 移動，因為有利可圖，也因此對於生產乙 (茶葉) 將相對不利，故對乙 (茶葉) 生產要素的供給，將會減少。

(二)「**生產上互補品**」：「生產上互補品」是指，廠商生產的兩種商品，屬於同一生產流程時，若其中一種商品生產時，另一種商品亦被生產出來，故又稱合產品。譬如，牛肉與牛皮、奶油與脫脂牛奶，都稱得上「生產上互補品」。「生產上互補品」漲價，會使供給增大。

五、預期未來價格

若生產者預期未來價格會上升，則生產者會減少現在的供給量，囤積居奇，以圖未來價格高漲時，能賺取更高額的利潤。反之，預期房價下跌，則目前價格相對較貴，於是廠商會增加目前的供給，避免未來收益減少。

六、廠商數目

廠商數目愈多，則在現行的價格之下，市場的供應量愈多。

七、政府政策

1. 貨幣政策；2. 法規；3. 租稅。

八、突發意外事件

戰爭、恐怖攻擊事件、瘟疫、颱風、旱災、寒流、蟲害、或像日本 311 大地震後的核災，都會影響當地農業生產，及農產品的相關供給。

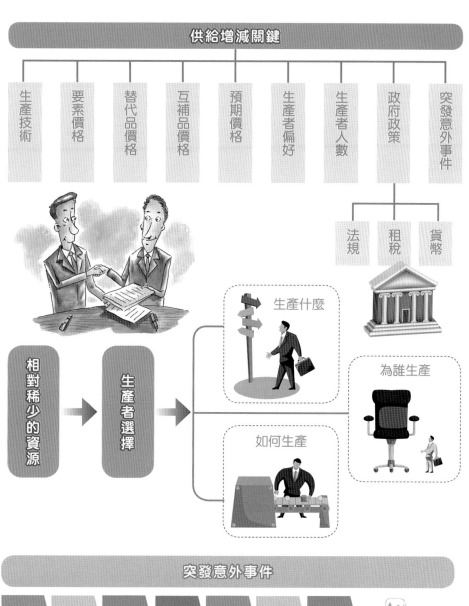

供給增減關鍵

- 生產技術
- 要素價格
- 替代品價格
- 互補品價格
- 預期價格
- 生產者偏好
- 生產者人數
- 政府政策
  - 法規
  - 租稅
  - 貨幣
- 突發意外事件

相對稀少的資源 → 生產者選擇 →

生產什麼

如何生產

為誰生產

突發意外事件

大地震　蟲害　旱災　颱風　瘟疫　恐怖攻擊事件　戰爭

2-6 均衡

一、「均衡」(Equilibrium)
「均衡」是指一種狀態，在這種狀態下，若沒有其他影響「供給」與「需求」的因素介入，則所有相關的活動(或變數)，都不會再發生變動。

二、均衡特性
1.「均衡」只是對事物狀態的一種描述，並不含有價值的判斷；也就是，均衡可以是好的均衡，也可以是不好的均衡(如：黑幫勢力等)；2.「均衡」隱含一種穩定、可預測的狀態，而這種狀態是由一些條件所支持的；3.改變均衡不易：均衡是主、客觀條件的配合，除非這些條件發生變化，否則很難撼動「靜者恆靜，動者恆動」的狀態。

三、「均衡」概念的弱點
一般均衡理論不易說明，如何從一個失衡狀態，走向均衡狀態的動態過程。一方面這是指「均衡」不易改變，另一方面也說明必須有條件的配合，才能說明改變「均衡」的方向。

四、市場均衡 (Market equilibrium)
市場均衡是指在特定的價格下，市場的需求量與供給量，同時達到均衡，且不再改變的狀態，即可稱為市場均衡。譬如，每年我國高山茶的產量，和消費高山茶的需求量剛好相同，則此時市場不會發生變化，此時高山茶的價格就會很穩定，此即高山茶市場的均衡。

五、市場均衡的關鍵
經濟學始祖亞當・史密斯 (Adam Smith) 認為在完全競爭市場條件下，每一市場參與者均無決定性影響力，完全依市場機能運行，沒有人可以干預，而藉由市場價格的漲跌，牽引需求者與供給者，調整運用其有限資源至最佳效率，使供需雙方自動達成最大福利，並維持穩定的均衡狀態。

六、市場機能 (Market mechanism)
經濟學中所說的「一隻看不見的手」，就是指「市場機能」或「價格機能」。因為市場供給與需求的各種訊息，都會反應到價格上。由於價格變動，進而影響供給量與需求量的變動，直至市場恢復到均衡的狀態才停止(直至供需相等為止)。透過價格的運作，市場自然能夠調和供需雙方，決定生產與分配的問題，例如由何人生產、何人消費、生產多少、及消費多少等問題。在自由經濟體系中，價格機能扮演資源配置的重要角色。

七、重要名詞解釋
1.「柏拉圖效率 (Pareto efficiency)」：是指資源及財貨，處於最佳效率的配置狀態，此時再也沒有任何方法，能使福利更增加，且又不減少其他人之福利。

2.「柏拉圖改善 (Pareto improvement)」：是指經濟狀態改變，可以使某人的經濟福利改善，而又不損及他人福利，故其他人福利不變。

無價值判斷

穩定可預測狀態

不易改變

均衡特性

看不見的手

市場機能

價格 → 影響 →

何人生產
何人消費
生產多少
消費多少

市場均衡

需求量

相等

供給量

市場均衡案例

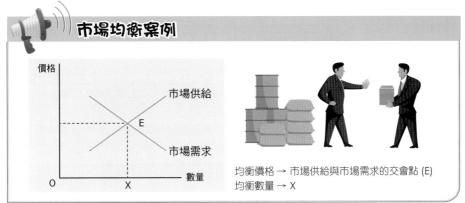

價格

市場供給

E

市場需求

O　　　X　　　數量

均衡價格 → 市場供給與市場需求的交會點 (E)
均衡數量 → X

市場動態均衡

生產者願意供給的數量，與消費者願意購買數量之間，經常會出現落差。這個落差最常出現的現象是，「超額供給」(Excess supply) 和「超額需求」(Excess demand)。動態的市場均衡，即是說明這兩者之間，會經過市場的價格機能，逐漸達到均衡的過程。

一、「超額供給」

生產者願意供給的數量，超過消費者願意購買 (需要) 的數量，表示市場存在「超額供給」，即所謂「需求不足」。

(一) **案例說明**：市場要購買高階電腦的數量，當價格在 30,000 元時，想要買進的數量只有 50 台，而廠商卻想要賣出的數量為 150 台，此時就是「超額供給」。

(二) **解決「超額供給」方法**：為了拿回資金，廠商就須降價求售 (優惠或打折或送紀念品，甚至跳樓大拍賣)。價格下降後，供、需數量就會起變化，有些廠商甚至退出市場，如以往的 DRAM 廠商或金融海嘯後的車廠。供給減少，供過於求的現象不見了，價格又恢復穩定的均衡狀態。

二、「超額需求」

在某價格水準下，消費者願意購買 (需要) 的數量，超過生產者願意供給的數量，即所謂「供不應求」，而導致市場價格上升。「需求增加」會促進均衡價格上升，而「供給增加」則會促進均衡價格下降。

(一) **案例說明**：市場要購買高階電腦的數量，當價格在 10,000 元時，想要買進的數量達 150 台，而廠商供給的數量為 50 台，此時就是「超額需求」。

(二) **解決「超額需求」方法**：在超額需求的情況下，物品的短缺將造成搶購現象 (物以稀為貴)，而使價格上漲，但隨著價格的上漲，供給量會逐漸增加，需求量會逐漸減少，超額需求亦將隨之變小，直至均衡價格時，供給量與需求量相等，超額需求消失，價格乃趨穩定。

三、影響供需的關鍵

1.「看得見的手」－政府；2.「看不見的手」－價格；3.「上帝的手」－特別的祝福，如豐年；或警訊，如天災或突發事件。

四、政府干預

政府直接干預價格機能的方式：1. 數量上的管制；2. 價格的管制。例如，提高最低工資、油電雙漲、高鐵票價凍漲等。間接干預價格機能的方式，則可透過行政規定或法律，譬如，政府調漲電價，吃到飽火鍋店跟著就要調價，臺北到高雄的高鐵票價提高 140 元；中國大陸「旅遊法」從 2013 年 10 月 1 日起上路，不准有購物行程，赴臺旅遊的價格，漲幅維持在 20% 至 30% 間。

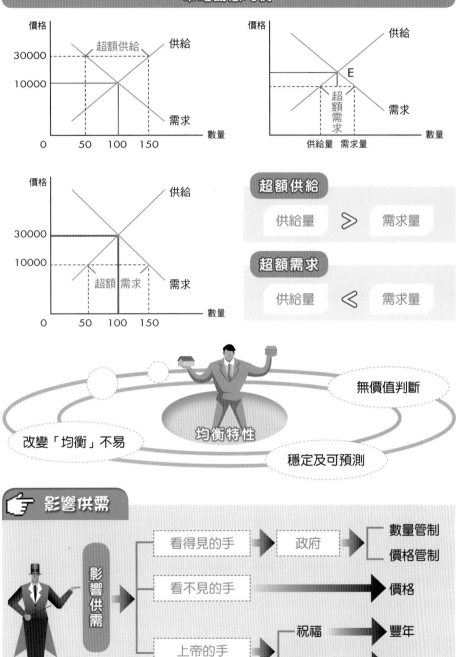

市場動態均衡

價格

超額供給　供給

30000

10000

需求

數量

0　50　100　150

價格

供給

E

超額需求

需求

數量

供給量　需求量

0

價格

供給

30000

10000

超額需求

需求

數量

0　50　100　150

超額供給

供給量 > 需求量

超額需求

供給量 < 需求量

均衡特性

無價值判斷

改變「均衡」不易

穩定及可預測

影響供需

影響供需

看得見的手 → 政府 → 數量管制 / 價格管制

看不見的手 → 價格

上帝的手 → 祝福 → 豐年 / 警訊 → 蝗災

2-8 市場機能與價格彈性

一、「彈性」的意義

彈性可以解釋為「反應程度」。當某商品價格漲價，不購買的「反應程度」很強，這就稱為高彈性。當某商品價格漲價，不購買的「反應程度」很低，這就稱為低彈性。

二、需求「彈性」的意義

需求的「價格彈性」，是衡量由於「價格變動」，所引起的「需求量變動」，敏感度的指標。

三、價格彈性公式

$$需求的價格彈性 = \frac{需求量變動百分比}{價格變動百分比}$$

譬如，某品牌的智慧型手機價格變動幅度是 1%，引起智慧型手機需求量變動 1.5%，則智慧型手機的價格彈性就是 1.5。

四、價格彈性的意義與例證

(一) 有彈性

當彈性大於 1，我們稱此價格彈性為「有彈性」。有價格彈性表示降價，和提高價格，對於銷售量都有顯著的影響。所以對價格的調整，都要很謹慎！宏達電智慧型手機的競爭對手，像蘋果、三星，如果宏達電智慧型手機抬高價格，顧客很容易找到替代廠商，馬上就轉向蘋果、三星購買，所以宏達電智慧型手機的需求量，會立刻大幅減少；反之，宏達電智慧型手機若降價求售，就可以吸引大量購買者上門，需求量將加倍增加。也就是說，宏達電智慧型手機產品的價格彈性大於 1。在這樣的情形下，宏達電的策略應該如何呢？答案是：薄利多銷，降價求售。因為降價帶來大量增加的訂單後，將使得宏達電的總收益（價格乘以數量）水漲船高。

(二) 沒彈性

但如果「需求」的價格彈性小於 1，表示「無彈性」。「無彈性」的意思，就是提高售價，也不會嚇跑消費者。譬如，像自來水、電等民生用品。如果僅止於經濟學的單一思考，而沒有考量企業倫理與道德，提高價格求售，的確是該企業的策略。

五、價格彈性功能

企業制定策略時，「薄利多銷」好還是不好？「薄利」（降低價格），真的可以「多銷」嗎？這些都可以從彈性，得到具體答案。

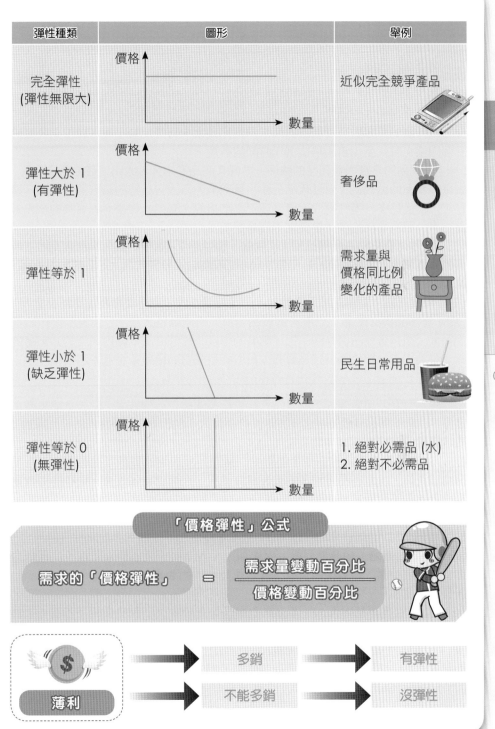

彈性種類	圖形	舉例
完全彈性 (彈性無限大)	價格 / 數量	近似完全競爭產品
彈性大於 1 (有彈性)	價格 / 數量	奢侈品
彈性等於 1	價格 / 數量	需求量與 價格同比例 變化的產品
彈性小於 1 (缺乏彈性)	價格 / 數量	民生日常用品
彈性等於 0 (無彈性)	價格 / 數量	1. 絕對必需品 (水) 2. 絕對不必需品

035

「價格彈性」公式

$$需求的「價格彈性」 = \frac{需求量變動百分比}{價格變動百分比}$$

薄利 → 多銷 → 有彈性

→ 不能多銷 → 沒彈性

2-9 彈性決定因素

一、價格彈性類別

　　1. 需求（價格）彈性；2. 供給（價格）彈性。

二、決定需求彈性的因素

　　為什麼消費者對有些產品的需求彈性比較大，有些比較小呢？這主要決定於三個因素：替代品、占所得比例與時間的長短。

（一）替代品的多寡與替代品的強弱：影響某商品需求彈性大小，最主要的因素，就是該商品的替代品。若替代品愈多、替代能力愈大，該物的需求彈性愈大。換言之，替代品多，彈性就大，價格就不易於抬高。譬如，從臺北到嘉義的國光號長途車，因為替代品多，票價就不容易提高。

（二）該物消費支出占所得比例（比例低，彈性小）：鹽很便宜，而且其支出占所得的比例甚小。再加上鹽的替代彈性很小，因為它沒有替代品。支出愈大的東西，需求彈性愈大。

（三）時間長短：需求量必須定義在「一定時間」內，當時間愈長，彈性會愈大。

（四）奢侈品與必需品：如果是奢侈品，那麼需求彈性大於 1，就表示變化的程度很大。如果奢侈品價格漲，拒絕購買的幅度，會超過漲價幅度。至於必需品的需求彈性很小，即使漲價還是要買，所以拒絕購買的幅度，會低於漲價幅度。

三、決定供給彈性的因素

　　生產資源若沒有彈性，就表示只能生產某商品；若彈性大，就表示能生產某商品，也能移轉到其他商品上。決定供給彈性大小的因素：生產投入的替代用途、成本變動的敏感度，與時間長短。

（一）生產要素是否具備多種生產用途：某商品所使用的資源用途愈廣，在產品價格下跌時，就愈容易將較多的資源移作他用，因而供給彈性大。這樣的生產要素，就比較不會受制於人。

（二）生產成本隨產量而變動的敏感度：房價居高不下，建商購地成本增高，風險也相對增高，建商推出新屋的意願，就會相對減少。這個減少就反應出敏感度。

（三）時間的長短：短時間內廠商應變能力相對薄弱，只能照原計畫，反應能力薄弱；時間拉長，廠商因應價格上升，所能增加的要素，便會增多（也較有能力調整供給量）。

（四）財貨儲存容易與否：生產出來的商品可以放愈久，對於價格突然變化（特別是降價要求）的因應能力較大，較會有意願多生產，所以彈性大。

（五）受大自然支配程度：颱風來襲，對於農產品的產地，如蔬菜、香蕉的傷害大，而這些產品也無法立即生產，所以彈性小。

（六）生產所需技術：技術愈低，生產愈容易，所能夠改變的量也就愈多，彈性自然大。反之，像智慧型手機所需技術高，彈性就較小。

價格彈性

需求彈性

供給彈性

替代品的多寡
與替代品的強弱

該消費支出
占所得比例

決定需求
彈性的因素

時間長短

奢侈品與必需品

生產要素
是具備多用途

生產所需技術

生產成本隨產量
變動的敏感度

受大自然支配
的程度

決定供給
彈性的因素

時間的長短

財貨儲存
容易與否

Date _____/_____/_____

第3章
消費者與生產者

3-1　總效用與邊際效用

3-2　消費

3-3　生產 (一)

3-4　生產 (二)

3-5　生產成本

3-6　生產要素成本

3-7　生產可能線

3-8　機會成本

3-9　利潤

3-10　生產者剩餘、消費者剩餘

3-11　外部效果

3-12　規模報酬

一、效用 (utility)

經濟學對於消費者，享用商品或服務的滿足程度，是以「效用 (Utility)」來表示。譬如，冬天吃火鍋，夏天吃冰淇淋，一般來說，「效用」都會很高。滿足程度愈高，「效用」愈大；滿足程度愈低，「效用」愈低。此一滿足程度是一種心理的狀態、主觀的感覺、抽象的概念，其大小因人因物而異。

二、總效用 (Total utility，簡稱為 TU)

是指消費者在一定時期，從一定數量的商品和勞務的消費中，得到的總滿足程度。假設吃第一根烤玉米的「效用」是 5，第二根的「效用」是 3，那麼吃烤玉米的總效用是 5 + 3 = 8。

總效用＝效用的全部之和

(一) **總效用遞增**：吃第一根烤玉米的「效用」和第二根時，總效用遞增。

(二) **總效用遞減**：譬如，吃第一根烤玉米得到的總效用是 5，第二根是 3，但吃第三根已經感覺消化不良，第三根的「效用」變成 0。如果再吃第四根，此時就是折磨，「效用」變成 –5。

三、邊際效用 (Marginal utility，簡稱為 MU)

是指在一定期間內，每新增 (或減少) 一個單位的商品或服務，它所增加 (或減少) 的效用。換言之，每增加一單位商品的消費，消費者所增加 (或減少) 總效用的「變動量」，就是「邊際效用」。

邊際效用＝總效用的變動量 ÷ 消費數量的變動量

(一) **邊際效用遞減**：從烤玉米的案例發現，玉米愈吃愈不香時，此時就是出現邊際效用遞減，這種現象稱為邊際效用遞減法則 (Law of diminishing MU)。

(二) **邊際效用均等**：邊際效用均等法則 (Law of equi-marginal utility) 是指導消費者，當最後一元花費在各種物品上，所得到的邊際效用都相等時，消費者的總效用，就會達到極大。

烤玉米消費量	總效用(TU)	邊際效用(MU)
1	5	5
2	8	3(8－5)
3	8	0(8－8)
4	3	–5(3－8)

四、「總效用」與「邊際效用」的關係

(一) 當總效用遞增時，其邊際效用為正數。

(二) 當總效用達到最大時，其邊際效用等於 0。

(三) 當總效用遞減時，其邊際效用為負數。

效用	→	消費商品或服務的滿足程度
總效用	→	消費所有商品或服務滿足程度的總和

邊際效用	→	每增加一單位的消費，所增加的總效用。

決定物品價格

041

「總效用」與「邊際效用」關係

總效用遞增	邊際效用為正數
總效用最高	邊際效用為 0
總效用遞減	邊際效用為負數

消費量	1	2	3	4
總效用	6	10	12	11
邊際效用	6	4	2	−1

3-2 消費

一、消費

　　人都有食、衣、住、行、育、樂等日常需求，直接滿足這些需求的行為，便是「消費行為」。譬如到 KTV 去高歌，唱完之後，可能把心理的憂鬱，都唱「出去」，這就是滿足心理的需求；餓了，去吃自己想吃的火鍋，這就滿足生理及心理的需求。

二、決定消費者選擇的關鍵
　　包括預算能力、效用。

三、最適的消費組合
　　必須同時滿足有限的所得 (或預算)，及效用最大化。

四、理性 (Rational) 消費者選擇的特徵
　　(一) 有能力排列出偏好順序。
　　(二) 不會作出自相矛盾的選擇。
　　(三) 有「財貨愈多愈好 (多多益善)」的偏好。

五、消費財的性質區分

	說明	實例
必需品	維持人生活所必需的用品	鹽、糖
便利品	增進人生活舒適的用品	美味佳餚、舒適住宅、便捷交通
奢侈品	美化人生活的用品	珠寶、鑽戒、豪宅

六、購買力與選擇組合

(一) 購買力 (Purchasing power)
　　表示在一定的商品價格下，一筆固定的貨幣 (或名目) 所得，所能購買到的商品數量。

(二) 預算線 (Budget line)
　　消費者在一定支出預算下，所能購買到的兩種產品 (如手機與筆電)，所有最大可能組合量，所形成的軌跡。
　　1. 預算限制 (Budget constraint) 即表示，總支出不得超過總所得。
　　2. 預算線可變動：當所得增加，預算跟著增加；所得減少，預算跟著減少。

消費功能 ← 滿足生理　滿足心理

影響消費者選擇
- 預算
- 效用

理性消費者特徵

能排出偏好順序	不會彼此矛盾	多多益善

消費財

必需品	便利品	奢侈品

預算線

甲商品

乙商品

O

預算線可移動

甲商品

乙商品

O

中間線表示原預算線，因所得增加或減少，而向外擴或向內縮。

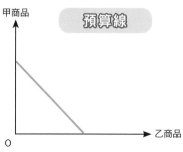

預算線
- 在「線」上，表示兩種產品消費的最大組合
- 個人、家庭、企業、組織的預算，有一定的限制
- 預算線可變動

3-3 生產 (一)

一、生產 (Production)
創造或增加物品的效用，或是提供勞務以滿足人類欲望的一切經濟行為。

二、生產者面對的課題
由於資源的稀少性，必須做選擇以解決生活在社會中，所面臨的基本問題。廠商必須面對的問題，生產什麼？如何生產？生產多少？由誰生產？為誰生產？何處生產？何時生產？

三、生產目的
生產者從事生產的最大目的，在於賺取利潤；利潤取決於「銷貨收入多寡」，及「生產成本高低」等兩個因素。經濟學沒有說生產的目的，是為了造福人類，而只強調利潤，這是經濟學缺德之處。

四、創造效用的類別
(一) 本源效用：從上帝所創造的大自然中，汲取有利於人類的資源，例如：農、林、漁、牧、礦業。

(二) 形式效用：將某物既有的形狀，透過人的智慧加工改造，變成效用更大，更便利人類使用之財貨，稱為形式效用。例如漁業，從魚鱗中，提煉出膠原蛋白。

(三) 地方效用：將財貨從低價的地方，運至高價的地方，即能創造地方效用。譬如運輸業或貿易，將大陸低價製品運至美國販賣。

(四) 時間效用：將財貨儲存至效用較大的時候才使用，稱時間效用。譬如，倉儲業將夏天盛產的荔枝，儲藏至冬天的時候，才拿出來消費。

(五) 產權效用：將商品由生產者手中，移轉至消費者手中，改變商品所有權的效用，譬如通路業。

(六) 勞務效用：提供勞務以滿足他人欲望，所創造之效用稱為勞務效用。例如老師提供專業技能與知識。

五、生產分類
可區分為直接生產與間接生產。

(一) 直接生產：靠著自己的勞動力與智慧，去生產商品的方式。

(二) 間接生產：運用儀器設備等資本財，來生產的方式，故又稱迂迴生產，此為現代最主要的生產方式。

六、產量變化原因
(一) 擴大生產，有利可圖。

(二) 歇業→市場條件變差，而停止生產。

(三) 完全退出市場。

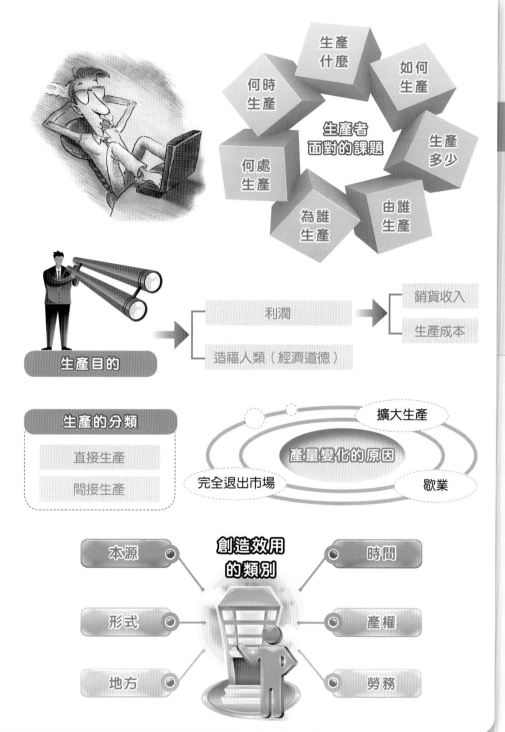

生產者面對的課題

生產什麼

如何生產

何時生產

何處生產

為誰生產

由誰生產

生產多少

生產目的

利潤 → 銷貨收入 / 生產成本

造福人類（經濟道德）

生產的分類

直接生產

間接生產

產量變化的原因

擴大生產

完全退出市場

歇業

創造效用的類別

本源

形式

地方

時間

產權

勞務

3-4 生產 (二)

沒有生產，就沒有供給；沒有供給，人的需求如何滿足？故生產極為重要！

一、廠商出現的原因

1. 市場有需求，供給卻不足；2. 有利可圖；3. 降低交易成本；4. 專業分工。

二、「賽依法則」(Sav's Law) 意義

「生產出來的物品，自然可以找到買主，廠商不必擔心生產過多。」這就是古典經濟理論，「供給創造需求」。「賽依法則」表示：1. 以物物交換為基礎；2. 充分就業的保證以及 3. 無多餘貨幣的社會。

三、生產方式

以增加效用的方式為標準，可將生產型態，區分為四大類。

(一) 原始生產：生產者利用大地的資源所從事的生產，由此生產活動所創增的效用稱為本源效用或原始效用。如：農夫種稻、礦工採礦、牧農採集牛奶。

(二) 工業生產：又稱形式生產，將一物品的形狀或性質，加以改變，而創造出另一種效用較大的物品。由此生產所創增的效用，稱為形式效用。如：將金屬原料變成手機機殼、紡紗成衣等。

(三) 商業生產：指生產者僅提供財貨買賣與銷售，來獲得報酬，而不涉及到製造層面的生產方式。譬如行銷公司、廣告公司，或其他通路服務業。

(四) 勞務生產：生產者提供勞動力或專業知識，來滿足他人需要，以獲得報酬的生產行為。如，搬家工人提供勞動力為人搬家；醫生以專業知識替人看病。

四、生產函數

在某一時間內，某一技術水準下，廠商 (Firm) 生產因素的投入 (Input)，與其所能製造出來的最大產出量 (Output)，兩者之間的實質數量關係。所以，只要生產因素為已知，則生產函數會說明產出的最大數量。

(一) 短期生產函數：某特定時間內，至少有一種生產要素，是不能變動的；

(二) 長期生產函數：時間充裕到所有生產要素，都可以產生變動。

五、平均產量

平均每單位勞動力的產量。

六、邊際產量

每增加一單位勞動力，總產量所增加的數量。

七、生產要素的類型

(一) 固定要素 (Fixed factors)：要素使用量是固定的生產要素。

(二) 變動要素 (Variable factors)：要素使用量是變動的生產要素。

(三) 準固定要素 (Quasi-fixed factors)：只要產品產量大於零，不論其產量有多大，此類型的生產要素使用量，均為固定。

廠商出現的原因

供給不足　有利可圖　專業分工　降低交易成本

生產方式

原始生產　工業生產　勞務生產　商業生產

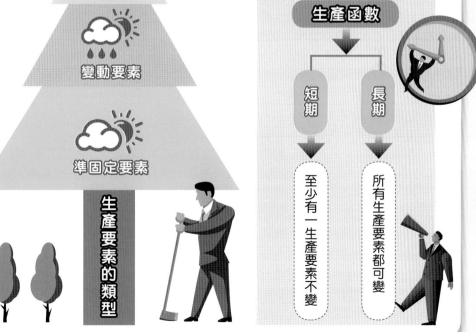

生產要素的類型

固定要素

變動要素

準固定要素

生產函數

短期　長期

至少有一生產要素不變　所有生產要素都可變

3-5 生產成本

凡是企業都有生產成本或營運成本，成本計算不當，將影響利潤以及企業的生存發展。

一、成本：生產過程中，使用各種生產要素，所必須支付的代價。平均成本是平均一單位產品，所必須支付的成本。

(一) **外顯成本**：又稱會計成本，這是指廠商，在從事商品的生產時，使用供應商所提供的生產要素，而必須支付的費用。譬如，生產智慧型手機的宏達電，必須支付工資、地租、利息、利潤、原料費、保險費、折舊及各種銷售推廣的費用。

會計成本＝外顯成本

(二) **隱藏性成本**：又稱內含成本、非支付成本。是指實際上該負擔的成本，但並未將此費用記在會計帳上。譬如：經營者個人本可將自有地出租，以收取租金，但此時卻拿來作為生產的廠房。

(三) **經濟成本**：經濟成本包括會計成本與內含成本。

經濟成本＝外顯成本＋隱藏性成本

二、以成本變動來區分

(一) **固定成本**：指不隨產量變動，而變動的成本。

　　1. 總固定成本：是指短期內，某些生產要素因為無法變動，而支付給這些固定生產要素之成本，稱為總固定成本。

　　2. 平均固定成本：平均生產一單位財貨，所需支付的固定成本。

(二) **變動成本**：隨產量變動而變動的成本。

　　1. 總變動成本是指短期內，支付給變動生產要素的費用，此變動成本會隨著產量的多寡而改變。

　　2. 平均變動成本：是指平均生產一單位財貨，所需支付的總變動成本。

三、短期成本結構

　　短期總成本＝變動成本＋固定成本

(一) **變動成本**：使用變動生產要素，所需支付的成本，譬如像工人的工資、電費。

(二) **固定成本**：固定的生產要素，在短期無法調整，而必須支付的成本。譬如像租廠房所需支付的房租、機器設備提列折舊。

四、邊際成本

　　每增加一單位產量時，總成本所需增加的部分。

五、邊際報酬遞減法則：指短期內，當技術與某些生產要素，是固定不變時，若只增加某種可變動的生產要素，在生產過程的初期，生產量隨著此種生產要素的增加而增加，但到一定限度之後，生產量的增加率 (邊際產量) 便呈遞減的現象。譬如，增加勞動工時過長，造成頭腦不清、意志1力不集中，產出遞減。

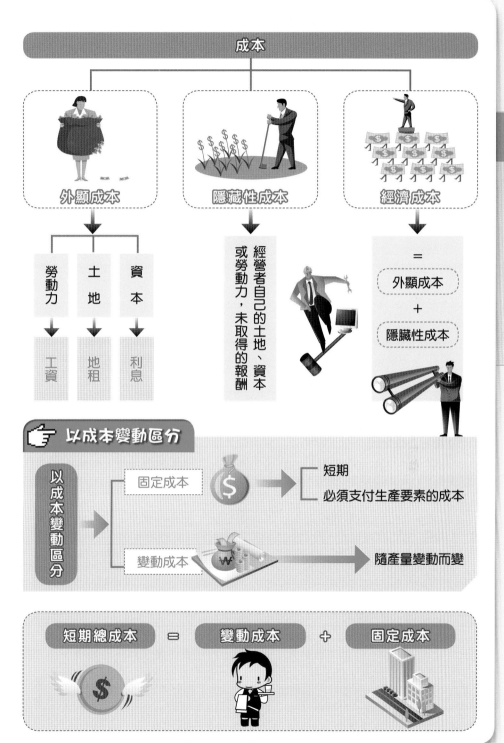

成本

外顯成本　　隱藏性成本　　經濟成本

勞動力　土地　資本

工資　地租　利息

經營者自己的土地、資本或勞動力，未取得的報酬

＝

外顯成本

＋

隱臟性成本

以成本變動區分

以成本變動區分

固定成本　→　短期
必須支付生產要素的成本

變動成本　→　隨產量變動而變

短期總成本　＝　變動成本　＋　固定成本

一、工資

勞動者提供勞務，所得到的報酬，同時也是每單位時間的勞動價格。

(一) 工資的分類

1. 名目工資：未考量物價變動因素 (即通貨膨脹率)；2. 實質工資：將通貨膨脹率 (即物價因素) 加以考量計算，即實質工資所反應的，為實質購買力。

(二) 工資理論

1. 生存費用說：由李嘉圖、馬爾薩斯提出，工資的多少，決定於最低生活水準所需的費用；2. 工資鐵律：依據拉塞爾 (F. Lassalle) 及馬爾薩斯的人口論，強調出生率增加，使勞動供給增加，勞動供給增加，將迫使工資率回到生存水準；而飢餓及嬰兒死亡率的增加，又使勞動供給減少，反之則增加。因此工資是人類為了維持生存，所需要購買生活必需品的最低工資率。換言之，勞動者的貧困，會成為永久性；3. 勞資商議：依據勞動者與雇主，雙方議價所訂立的契約，而決定的工資；4. 工資基金：工資由雇主所提的資金支付；5. 邊際生產力說：工資取決於勞動邊際生產力。

(三) 造成工資差異的主要原因

1. 生產力差異；2. 勞動市場的資訊不完全；3. 勞動市場的供需變化；4. 對危險程度高或壓力大者，提供彌補。

二、地租

使用土地或天然資源，所支付的報酬。

(一) 地租產生原因

1. 土地稀有性；2. 土地肥沃程度不同；3. 土地位置的差別；4. 土地私有制度的存在；5. 人口無限的增加。

(二) 地租學說

1. 差額地租：由李嘉圖提出，因土地肥沃、便利等優勢，造成地租有別；2. 準地租：由馬歇爾提出，說明固定資本財的報酬；3. 絕對地租：由馬克斯提出，強調地租是將生產物出售，從所得之中扣除生產成本與平均利潤後的剩餘。

三、利息

使用貨幣資本的報酬。主要的利息學說，有以下五種：

(一) 忍欲說：利息是忍受欲望、痛苦的補償。

(二) 時差說 (時間偏好說)：放棄現在財貨交換未來財貨，得到額外補償 (利息)。

(三) 迂迴生產說：迂迴生產必先生產工具，再以此生產工具生產最後產品。生產時必先有貨幣資本生產工具，因此須提出一部分作為報酬，此報酬為利息。

(四) 投資儲蓄說：儲蓄者因為犧牲當期的消費，而獲得利息作為報酬。

(五) 流動性偏好說：有貨幣在手，可隨時利用市場有利的機會，為自己賺取額外的收入。因此要將貨幣借他人使用，必須有適當的補償，此補償即為利息。

工資 → 名目工資 / 實質工資

工資差異原因
生產力差異
勞動市場資訊不全
勞動市場供需變化
壓力或危險性差別

生存費用說
邊際生產力說
工資理論
工資鐵律
工資基金
勞資商議

土地稀有性
土地肥沃程度不同
土地位置差別
土地私有制度
人口增加

地租原因

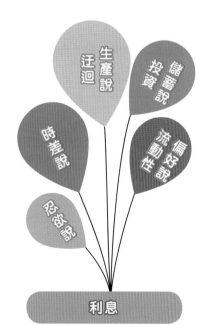

生產迂迴說
儲蓄投資說
時差說
偏好流動性說
忍欲說

利息

地租學說 → 差額地租 / 準地租 / 絕對地租

3-7 生產可能線

一、「生產可能線」(Production possibility curve, PPC)

在某種特定的經濟體系下，於一定的時間內，將所有可使用的固定資源，做最充分有效的運用，在現行的生產技術下，充分利用可相互替代的有限資源，來生產兩類產品，所可能產生最大產量組合的軌跡。譬如，如果有一個光電廠，有1,000個工人與20部機器，在目前的技術水準下，如工人不怠工、機器也能正常運轉的情況下，可生產手機與筆電的最大產量組合。

二、「生產可能線」功能

可用來闡明機會成本及經濟成長的概念。

三、基本假定

資源固定，資源做最充分有效的利用。

1. 資源是固定的，包括量與質的固定。
2. 資源是多種用途且可有限度替代使用的。
3. 生產技術水準不變。
4. 資源是作最充分及最有效利用的。

四、生產可能線代表的意義

(一) 資源充分利用

當一種產品增加生產，另一種產品就會減少，這代表經濟體的資源有限，且已充分利用，故無法同時增加兩種產品。

(二) 生產效率

由於生產可能線上的每一點，都是最大可能產量的組合，因此代表已達到了最高的生產技術效率。

(三) 機會成本遞增

在生產可能線上，使用相同資源從事生產甲、乙兩財貨，每增加一單位甲財貨的生產，所必須放棄的乙財貨數量，會逐漸增加。譬如，每多增加生產一單位手機，所需放棄的筆電產量是遞增的，此即所謂機會成本遞增。

五、「生產可能曲線」可變動

生產組合的產量擴大了，顯示廠商能力擴大；反之，則為能力衰退。

財貨組合	手機	筆電
A	30	0
B	20	1
C	15	2
D	10	3
E	0	4

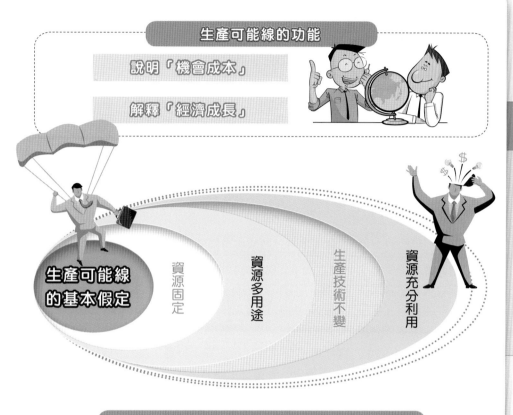

生產可能線的功能

說明「機會成本」

解釋「經濟成長」

生產可能線
的基本假定

資源固定

資源多用途

生產技術不變

資源充分利用

生產可能線代表的意義

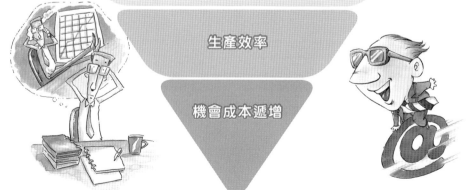

資源充分利用

生產效率

機會成本遞增

一、「機會成本」產生原因

在面對有限的資源時，人必須做選擇，而做選擇時，所要付出的代價，而且是最高代價者，即稱為「機會成本」。換言之，「天下沒有白吃的午餐」，「捨」就是「取」的機會成本。

二、「機會成本」存在原因

「機會成本」存在最關鍵的原因是，「資源」本身有多種用途。若一物只有一個用途，沒有其他機會，就沒有機會成本了。

三、「機會成本」的內涵

機會成本＝外顯成本＋隱藏成本

機會成本通常包含外顯成本 (或稱會計成本)，與隱藏成本等兩個部分，前者是指決策者因選擇某一方案，所需支付的直接代價 (譬如，工資、地租、利息)；後者則為選擇該方案時，因放棄其他方案的利益而產生的損失。

四、「機會成本」的運用

(一) **生產的機會成本**：犧牲所沒有選擇生產或提供勞務，最大的利益與代價。以實際金額說明，假設某生產機會，利潤分別為 A：10 萬元、B：20 萬元與 C：30 萬元。所選擇 A 或 B，其機會成本為 30,000 元；所選擇 C，其機會成本為 20 萬元。

(二) **生活中的機會成本**：機會成本的概念，可運用到生活中。所謂「有得必有失」，當選擇做某樣事情 (產品、服務、信念)，而必須犧牲的最大價值。譬如，根據《聖經》所言，信耶穌在十字架上的救贖，就可以得到永生，那麼選擇不信的時候，就得不到救贖與永生。

五、「機會成本」遞增案例

從生產右圖這兩種財貨 (手機、筆電) 的組合，每多生產一單位的手機，所須減少筆電的產量，是快速增加的。

財貨組合	手機	筆電	多生產一單位的手機 所須減少筆電的產量
A	0	15	
B	1	14	(15－14)＝1
C	2	12	(14 12)＝2
D	3	9	(12－9)＝3
E	4	5	(9－5)＝4
F	5	0	(5－0)＝5

機會成本產生原因 → 資源有限

必須抉擇「取」、「捨」

機會成本 → 外顯成本
（必須支付他人的工資、地租、利息）

隱藏成本
（如自己的房子、資金）

機會成本意義

犧牲的最大代價

機會成本案例

財貨組合	手機	筆電	多生產一單位手機，所須減少筆電的產量
A	0	15	
B	1	14	15−14＝1
C	2	12	14−12＝2
D	3	9	12−9＝3
E	4	5	9−5＝4
F	5	0	5−5＝0

第三章　消費者與生產者

055

3-9 利潤

利潤最大化是每個企業不斷追求的目標，長期沒有利潤的企業，就會失去市場生存機會，更別奢談發展和履行，企業公民的社會責任。

一、利潤

可細分為毛利與純利，毛利是銷售收入減去售貨的成本；「稅前純利」是「毛利」再加上額外的「收入」，再減去其他費用 (例如：輸出費用、薪資等)；「稅前純利」扣去稅項，就是真正的純利。利潤的多寡，可作為企業財務判斷的標準。

二、利潤的分類

(一) 經濟利潤 (或稱超額利潤)＝總收益－外顯成本－隱藏成本

(二) 會計利潤＝總收益－會計成本 (外顯成本)

(三) 正常利潤

廠商使用自己的生產要素，所應計的報酬。這也是廠商為維持經營，所必須賺取的利潤。

三、利潤理論

(一) 熊彼得 (Joseph Alois Schumpeter) 理論

利潤來自於企業家的努力與創新，尤其是五種活動的創新。1. 生產新產品；2. 使用新方法；3. 開發新市場；4. 取得新原料；5. 生產組織的創新。

(二) 奈特利潤理論

美國奈特 (Frank H. Knight) 教授認為，利潤是企業家在生產過程中，所承擔風險的報酬。

(三) 馬克斯理論

馬克斯 (Karl Marx) 提出勞動價值理論，認為資本家的利潤，是從剝削勞動者的剩餘價值而來的。

四、營運效率

影響企業的利潤，其中一個重要因素就是營運效率。這裡的營運效率指的是什麼？指的是：一，做正確的事情；二，更有效率。

五、企業收益

企業的收益，包括以下三大類：

(一) 總收益

企業從事銷售產品或提供勞務時，所獲得的收入總額。

(二) 平均收益

平均每銷售一單位產品，所獲得的收益。

(三) 邊際收益

每增加一單位產品銷售，總收益所增加的量。

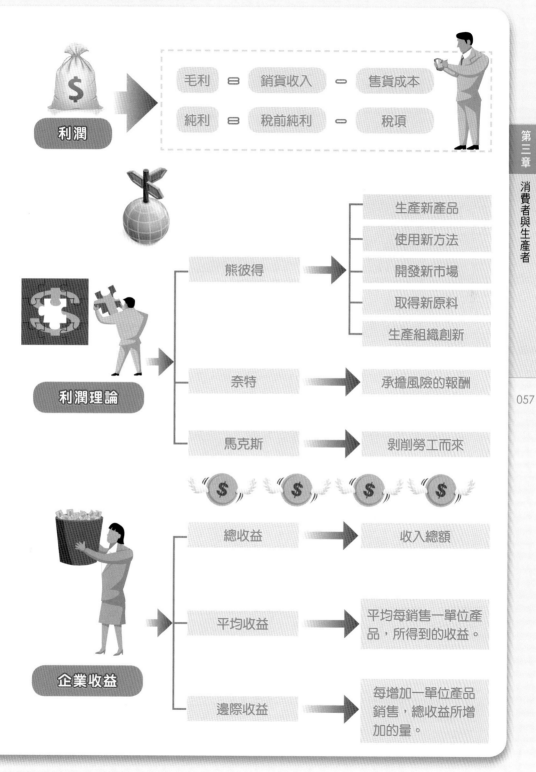

利潤

毛利 ＝ 銷貨收入 － 售貨成本

純利 ＝ 稅前純利 － 稅項

利潤理論

熊彼得
- 生產新產品
- 使用新方法
- 開發新市場
- 取得新原料
- 生產組織創新

奈特 ➞ 承擔風險的報酬

馬克斯 ➞ 剝削勞工而來

企業收益

總收益 ➞ 收入總額

平均收益 ➞ 平均每銷售一單位產品，所得到的收益。

邊際收益 ➞ 每增加一單位產品銷售，總收益所增加的量。

3-10 生產者剩餘、消費者剩餘

「消費者剩餘」與「生產者剩餘」的總合，就是社會的「總福利」水準；總福利愈大愈好，愈小愈不好。

一、「消費者剩餘」

當消費者購買一定量的某種商品時，心中所願意支付的代價，超過其實際支付的代價之差額。譬如，墾丁五星級飯店的房價，在消費者心中為 6,000 元，但目前打折，只需 2,000 元即可入住，那麼消費者感覺到利益則是 4,000 元，這就是消費者剩餘。所以從消費者剩餘的角度，可知消費者為什麼很喜歡講價、殺價，因為這會增加「消費者剩餘」。

(一)「消費者剩餘」提出者

消費者剩餘的概念，是紐約大學教授馬歇爾在《經濟學原理》一書中提出來的，屬於邊際效用分析法的應用，故又稱「效用剩餘」。

(二)「消費者剩餘」公式

消費者剩餘＝心目中所願支付的代價－實際支付的代價

(三)「消費者剩餘」內涵

1. 消費者剩餘僅是消費者的一種心理感受，並非實際的貨幣所得，也不是建立在供給者犧牲。

2. 當價格愈低時，需求量愈多，消費者剩餘愈大。

3. 當供給減少時，消費者剩餘也會減少，因為連買都買不到，又何來「剩餘」。

(四) 影響消費者剩餘的因素

1. 市場被壟斷；2. 政府規定；3. 貨物稅；4. 貿易。

二、「生產者剩餘」

(一) 意義

「虧本的生意沒人做」，所以賣方一定要有賺頭，否則何必辛苦生產。「實際售價」大於「願意售價」的差額，而在心理上，所獲得的超額報酬。譬如，手機廠商生產新型手機，平均一支「實際售價」為 5,000 元，而成本僅 2,000 元，那麼所多出來的 3,000 元，就是生產者剩餘。

(二) 公式

生產者在銷售商品時，「實際售價」超過「最低要求價款」的部分。在學理上，可用生產者剩餘的變動，來衡量生產者福利的變化。

生產者剩餘＝實際得到的報酬－要求最低應得的報酬

消費者剩餘

生產者剩餘

心中所願
支付代價 ─ 實際
支付代價

社會總福利

「消費者剩餘」公式

☞ 「消費者剩餘」內涵

心理感受	不一定為貨幣精算結果
價格愈低	剩餘愈大
供給減少	剩餘減少

影響「消費者剩餘」因素

市場被壟斷

政府規定

貨物稅

貿易

「消費者剩餘」公式

心中要求價款	─	實際售價		
心中要求價款	≧	實際售價	➤	生產者剩餘
心中要求價款	═	實際售價	➤	無生產者剩餘

3-11 外部效果

一、外部效果 (External effect) 的類別

經濟個體產生正面的影響，就稱為外部經濟 (External economies) 或者外部利益 (External benefit)；反之，則為外部不經濟 (External diseconomies) 或外部成本 (External cost)。

(一) 外部利益：整個產業或廠商規模擴大後，馬歇爾 (Alfred Marshall, 1842-1924) 認為，會產生三大類型的外部經濟：

    1. 市場規模擴大，提高中間投入品的規模效益。

    2. 勞動力市場供應。

    3. 資訊交換和技術擴散。

(二) 外部成本：廠商有一部分的經濟行為，並未負擔成本。譬如，養豬戶將豬的排泄物注入河川，或營建工程形成噪音與塵土飛揚。最可怕的是，生產過程中所產生的環境汙染 (包括空氣汙染、水汙染、噪音汙染等)，以及環境破壞 (指過度或不當的使用自然資源，造成生態與自然環境的改變)。這些行為對社會所帶來的傷害，在自由經濟制度下，都未由汙染製造者與環境破壞者來承擔。

「外部成本」也可以用在核能議題上，就是因為核能的「外部成本」→核災，社會承擔不起，並禍及子孫。

二、外部性存在原因

主要肇因在於，無市場的存在；而市場不存在的主要原因，又有以下兩項；

(一) 共同財富 (Common-property resources) 或無主物：例如空氣、河水與環境，是由社會眾人共同擁有，法律上，通常不能明確劃分其所有權之歸屬。因此，污染它們也就不必支付成本。

(二) 無法排他 (Nonexclusive)：譬如，某人庭院花香四溢，鄰居與路人陶醉在花香中，這是阻止不了的。

三、外部性的類型

    1. 生產的外部性；2. 消費的外部性；3. 技術的外部性。

四、個體解決外部性困難的原因

    1. 公共財「搭便車」問題；2. 補償或獎勵誘因不符實際；3. 交易成本高；4. 訴訟成本：影響結果不確定。

五、政府解決方案

需要政府因地、因時制宜，訂定各種不同的法律，規範部分外部性發生時的行為，以期降低外部性，對經濟所帶來的衝擊或無效率。解決方案主要有四：

    1. 罰款與課稅。   2. 汙染防治補貼。

    3. 排放許可之市場化。   4. 法規管制。

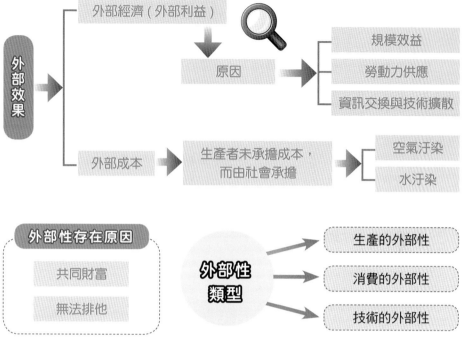

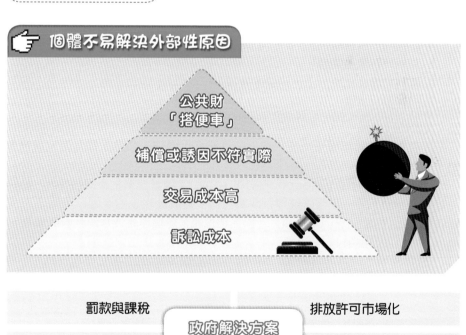

3-12 規模報酬

一、規模經濟 (Economies of scale)

是指由於生產規模與產量的增加，使企業的單位成本下降，從而形成企業的長期平均成本，隨著產量的增加，而遞減的經濟。充分利用規模經濟，這對於運輸、原材料採購，及價格上的談判，乃至整個國民經濟的效益，均有重大意義。

(一)「內」部規模經濟：當生產規模與產量擴大，讓平均生產成本下降，會產生內部規模經濟。原因如下：

    1. 規模報酬遞增。   2. 分工與專業化。

    3. 管理費用的節省。   4. 學習經驗。

    5. 副產品的取得。   6. 原料取得的議價能力增高。

(二)「外」部規模經濟的原因：因廠商的聚集，或產業的擴大，優點如下：

    1. 產生中間財專業供應商出現。

    2. 技術勞工匯集。

    3. 專業知識與技術的擴散。

二、規模經濟的優點

    1. 透過原物料的大量採購，而使採購成本下降。

    2. 平均生產成本降低。

    3. 強化學習效應。

    4. 較強的市場競爭力。

    5. 有利於新產品開發。

    6. 有利於專業化與分工，可提高效率。

    7. 提升獲利水準。

三、固定規模報酬

當資本與勞動都增加一倍，產出數量恰好也增加一倍時，即為固定規模報酬。

(一) 內部規模不經濟 (Diseconomy of scale)：隨著企業生產規模擴大，而邊際效益卻漸漸下降，甚至跌破零、成為負值。造成此現象的原因，可能是 1. 管理效率降低 (內部結構因規模擴大，而更趨複雜，這種複雜性會消耗內部資源)；2. 分工有一定的極限。

(二) 外部規模不經濟 (External diseconomy of scale)：當企業規模擴大，要素需求增加，造成價格上升，廠商之間競爭加劇。

四、在廠商決策時，擴大規模的確可以帶來報酬

除規模外，研發、創新、通路、品牌、員工士氣、制度、溝通、領導，也都是關鍵因素。

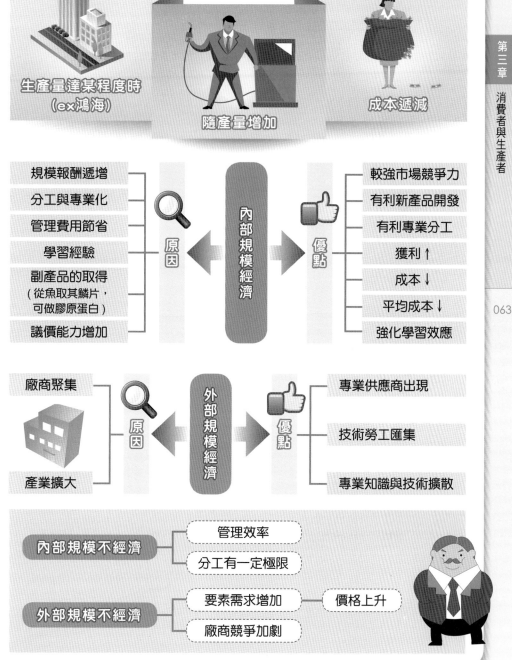

規模經濟

生產量達某程度時
（ex鴻海）

隨產量增加

成本遞減

內部規模經濟

原因
- 規模報酬遞增
- 分工與專業化
- 管理費用節省
- 學習經驗
- 副產品的取得（從魚取其鱗片，可做膠原蛋白）
- 議價能力增加

優點
- 較強市場競爭力
- 有利新產品開發
- 有利專業分工
- 獲利↑
- 成本↓
- 平均成本↓
- 強化學習效應

外部規模經濟

原因
- 廠商聚集
- 產業擴大

優點
- 專業供應商出現
- 技術勞工匯集
- 專業知識與技術擴散

內部規模不經濟
- 管理效率
- 分工有一定極限

外部規模不經濟
- 要素需求增加 → 價格上升
- 廠商競爭加劇

Date _____/_____/_____

第 **4** 章
市場結構

4-1　市場

4-2　經濟效率

4-3　完全競爭市場

4-4　壟斷性競爭

4-5　寡占市場

4-6　獨占市場

一、市場

指某種特定商品的供給者與需求者，進行商品、勞務交易集合，或中介的地方，使得買賣雙方，得以進行交易。譬如金融市場、貨幣市場、資本市場、共同基金市場、外匯市場、衍生性金融商品市場、黃金市場。

二、市場力量 (Market power)

是指廠商決定價格的能力大小。影響企業市場力量，主要的因素包括：
1. 企業相對於市場的大小。
2. 企業擁有的技術多寡。
3. 企業擁有的政府保護 (譬如專利權) 的大小。

三、市場機能 (Market mechanism)

市場力量會進行調整，使供需雙方達成並維持穩定的均衡狀態，此一力量為市場價格變動，導致需求量與供給量變動，又稱為價格機能 (Price mechanism)。

四、市場結構

透過五項主要變數，可以掌握市場結構：
1. 廠商數目。
2. 產品同質或異質。
3. 進出市場難易程度。
4. 競爭程度。
5. 定價能力。

五、市場結構

依市場的競爭程度，與供給家數的多寡，可分為完全競爭、壟斷性競爭、寡占和獨占 (完全壟斷) 等四大市場結構。

(一) 完全競爭市場

完全競爭廠商是價格的接受者 (Price takers)，無力影響價格。

(二) 獨占市場

唯一的賣方，廠商對於價格，可完全控制。

(三) 寡占市場

少數幾家賣方，廠商行為彼此影響程度很大，對價格有影響力，但競爭者產品的定價策略，則會影響。

(四) 壟斷性競爭市場

或稱獨占性競爭市場，這種市場類似完全競爭市場，但它與完全競爭市場不同的地方是，在這種形式下，許多廠商產品具高度差異化。它的特質是，賣方人數很多，產品異質，所以可以完全控制該產品價格。

市場結構	廠商數目	進入障礙	競爭程度	定價能力
獨　　　占	1	高	低	強
寡　　　占	↓	↓	↓	↓
壟斷性競爭	↓	↓	↓	↓
完　全　競　爭	多	低	高	弱

市場力量

企業大小　　企業技術能力　　政府保護

辦識市場結構的變數

廠商數目　產品異質度　進出市場難易度　競爭程度　定價能力

市場結構

完全競爭　　壟斷性競爭　　寡占　　獨占

市場結構

完全競爭市場	廠商是價格接受者
獨占市場	廠商能完全控制價格
寡占市場	廠商對價格有影響力
壟斷性競爭市場	對價格有影響力

市場機能 ⇅ 價格機能 → 引導市場供需均衡 → 動態過程　持續變化

一、市場機能

市場機能＝價格機能

　　　　＝亞當‧史密斯「一隻看不見的手」

　　　　＝在市場經濟下，消費者和生產者都以價格的漲跌，作為調節供需的依據，而自動地達到供需一致的市場均衡狀態。此時，會使社會資源的分配，達到最有效率的境界，也就是達到最高的經濟效率。

二、經濟效率：

生產者以最低成本生產產品，消費者以最低價格，買到最想消費的產品。因此，當市場達到均衡點時，生產者的最低要求價格，等於消費者的最高願付價格，因此達到經濟效率。

1. 用最低的生產成本，達到最佳的成本組合。

2. 又稱柏拉圖 (Pareto) 效率，指商品與要素，分配到「不可能使每個個體皆更好」的狀態。

三、經濟效率與道德：

經濟學家過於強調效率，而忽略道德，這是主流經濟學的遺憾。缺德的經濟效率或是繁榮，僅是表相，基礎非常脆弱，是經不起考驗的。生產者與生產者之間、生產者與消費者之間，都需要有商業誠信的，否則交易秩序將瓦解，經濟效率將不存在。譬如，生產者運用資訊不對稱的方式，達成供需交易，像竄改過期產品的生產日期 (乖乖)、生產者使用過期原料 (義美)、胖達人不實廣告。

四、政府糾正「市場失靈」

(一) 政府介入市場目的

1. 安全；2. 穩定；3. 公平；4. 效率；5. 福利。

(二) 政府介入市場的工具

1. 租稅；2. 產業政策；3. 特許專案；4. 公營事業。

 小博士的話

經濟效率是單位時間內，完成的次數，或單位時間內，更接近目標的程度。但由於經濟效率不能解決，目標錯誤的問題，所以效率再高，若目標錯誤，　樣是浪費時間！浪費資源！譬如，馬總統在 2014 年元旦致詞時，表示要拼經濟。拼經濟是非常攏統模糊的用詞，這個經濟目標是指 GDP ？還是 GNP ？還是人人有飯吃，街頭沒有可憐的遊民？經濟目標不一樣，資源的投入，以及所拼出來的結果，可能也會與預期大不相同！

市場機能

→ ＝價格

→ 「一隻看不見的手」

→ 效率最高

經濟效率

生產者最低成本

消費者最低價格

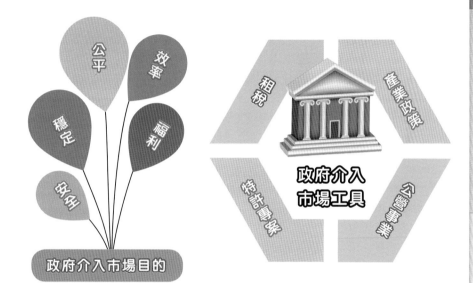

公平　效率

穩定　福利

安全

政府介入市場目的

租稅　產業政策

特許專案　公營事業

政府介入市場工具

缺德 → 表相似的經濟效率 →

資訊不對稱

傷害人民健康

胖達人欺騙廣告

大統長基食品

頂新味全

義美

乖乖

汙染河川

日月光

經濟效率　≠　人民（或消費者）福利

4-3 完全競爭市場

對消費者最有利的市場，就是完全競爭市場。

一、完全競爭市場特質

1.市場上有眾多的生產者和消費者。2.任何一個生產者或消費者，都不能影響市場價格，而是價格的接受者，譬如像稻米市場。3.產品同質(商品用途、外觀、耐用、服務、便利、名牌、忠誠度等)。4.廠商在市場自由進出。5.廠商對價格與品質，有完整的資訊。6.各種資源都能夠充分地流動，可促進生產效率。

二、長期的完全競爭市場：完全競爭市場中，若價格太低，造成廠商長期的虧損，因為進出市場容易，廠商會退出此產業，供給會慢慢的減少，價格會上升；若價格太高，造成廠商長期的利益，因為進出市場容易，廠商會加入此產業，供給會慢慢的增加，價格會下降。

三、生產要素可變：在完全競爭廠商的生產中，長期所有生產要素都是可變的。廠商通過對全部生產要素的調整，來達成利潤最大化的均衡原則。在短期情況下，只要廠商出售產品的平均收益大於平均變動成本，就可開工生產。

四、完全競爭市場優缺點：1.優點為資源配置有效率(Allocative efficiency)；最低成本生產，使得有生產效率；滿足消費者最大化的需求；符合社會福利；2.缺點為規模太小，不易達到規模經濟；未能提供多樣化產品；因無超額利潤，故缺乏改良技術誘因。

五、總供給量：可分短期供給量與長期供給量。

(一)短期供給量：在短期生產要素價格不變的情況下，通過對廠商供給的簡單加總，可以得到市場供給總量。

(二)長期供給量：這是指長期間，在各種不同的價格下，廠商願意且能夠生產的數量。產業的長期供給量，則無法通過簡單加總的方法得到。因為1.在長期內，行業的擴張、收縮會引起生產要素的價格發生變化；2.長期內，廠商能自由進出該行業，因而無法對哪些企業的供給進行加總。

六、成本變化

(一)成本遞增的產業：當擴大生產規模時，由於對要素需求之增加，而引起要素價格上漲，使廠商成本有增加(外部不經濟)之現象。

(二)成本固定的產業：當擴大生產規模時，由於對於要素需求增加，要素價格仍固定不變，使廠商的成本也維持不變之現象。

(三)成本遞減的產業：當擴大生產規模時，由於對於要素需求之增加，要素價格反而下降，使廠商的成本，有降低(外部經濟)的現象。

七、利潤變化

1.市價大於平均成本，有超額利潤或正常利潤，廠商皆能繼續經營。2.有經濟損失但廠商意志堅定，期望繼續經營以度過難關，像過去幾年的面板廠。3.有經濟虧損，廠商可能暫時歇業，以觀大局變化。4.虧損嚴重，廠商退出市場。

完全競爭市場 ➡ 對消費者最有利

生產者或
消費者眾多

資源充分流通

完全競爭市場特質

生產者或消費者
均是價格接受者

完整資訊

產品同質

廠商可自由
進出市場

完全競爭市場

優點

缺點

資源配置效率

滿足消費者最大需求

符合社會福利

不易達到規模經濟

未能提供多樣化產品

缺乏技術改良誘因

4-4 壟斷性競爭

壟斷性競爭 (Monopolistic competition)，或稱為獨占性競爭，是一種不完全競爭 (Imperfect competition) 市場的形式之一。最早由美國經濟學家艾德華‧錢伯霖 (Edward Hastings Chamberlin)，在 1933 年的著作《壟斷性競爭理論》(Theory of Monopolistic Competition) 提出。

一、壟斷性競爭的意涵

指競爭廠商眾多，但因產品差異化極大，因而產生特殊利益。由於廠商商品的差異化，所以壟斷性競爭市場的廠商，幾乎都擁有獨占者的壟斷地位。但它又不同於獨占，因其貨品仍面臨許多類似商品的競爭，或替代的威脅。

二、壟斷性競爭特色

1. 壟斷性競爭市場與完全競爭市場雷同，均為市場參與者買賣雙方數量眾多，且廠商進出市場容易。
2. 因市場進入障礙小，經過長期調整，將吸引其他新廠模仿跟進，使整體市場供給增加，直到個別廠商的經濟利潤為零時，整體市場供給不再變動。
3. 壟斷性競爭市場的廠商，具部分價格決定權。
4. 壟斷性競爭廠商將資源配置於創新研發商品，促銷推廣與品牌通路的建立，以爭取消費者認同其差異性與優質性。
5. 市場資訊不完全靈通。

三、利潤

短期而言，屬於獨占性競爭的廠商，就像是一個獨占公司一般，可利用部分的獨占市場力量，提高售價，以獲取比較高額利潤。但是在長期而言，由於競爭者不斷進入，產品的差異化優勢，因為替代品的出現而逐漸縮小，市場慢慢變成為類似完美競爭，廠商就無法再獲得過多的經濟利益。

四、壟斷性競爭與完全競爭市場相同之處

1. 生產者與消費者人數眾多。
2. 進出市場容易。

五、對廠商啟示

要加強產品的異質性，才能獲得高利潤！其方法有：
1. 持續研發創新。
2. 建立品牌。
3. 開拓通路。
4. 廣告。

壟斷性競爭特色

壟斷性競爭特色

- 與完全競爭市場類似
- 進入障礙小、可模仿
- 廠商具部分價格決定權
- 創新研發比其他市場多
- 資訊不完全靈通

利潤

短期高

長期恢復完全競爭市場

創新研發　　　　　　　建立品牌

對廠商啟示

開拓通路　　　　　　　廣告

「壟斷性競爭」意涵 ➡

- 進出市場容易
- 廠商眾多

　　與完全競爭
　　市場同

- 產品差異化極大
- 類似獨占，但不同於獨占
- 有相當程度的價格操控力

1933 年艾德華．錢伯霖提出

4-5 寡占市場

　　中油與台塑所提供的油品，大台北、欣天然、新海所提供的天然氣，都屬於寡占市場。

一、寡占市場的意涵

　　當一個市場中的生產廠商數目，在 2 家到 30 家以內時，就可稱為寡占市場。

二、寡占市場的特質

　　1. 少數廠商壟斷，其他廠商難以進入 (新廠商容易受到現有廠商的排擠)。
　　2. 廠商相互依存，彼此間具高度影響力。
　　3. 大規模的生產。
　　4. 產品大同小異。
　　5. 產品價格穩定。
　　6. 企業喜歡採用非價格競爭、廣告很多。
　　7. 為避免同業競爭，影響收益，常會相互勾結，聯合壟斷、瓜分市場。
　　8. 有超額利潤。

三、寡占市場的優點

　　1. 廠商規模大，可達規模經濟；2. 廠商存在利潤，有研發創新的誘因。

四、寡占市場的缺點

　　1. 資源使用，非最有效率；2. 廠商彼此勾結，對消費者福利造成不良影響。

五、寡占廠商的產量競爭

　　個別廠商提高產出量，擴大自己市場占有率的同時，將使得其他廠商的需求量降低，因此對手不得不謀求反制對策，以為因應。

六、寡占廠商的價格競爭

　　個別廠商以降低產品價格，來擴大自己的市場占有率，迫使其他廠商不得不跟進。

七、寡占廠商間的競爭模型

(一) **古諾模型** (Cournot model)：假設廠商在決定產量時，認為對手不會改變產量，仍以追求利潤最大化為目標，但產品的價格，則依據聯合產量而定。

(二) **貝爾川模型** (Bertrand model)：假設先進入市場的第一個廠商，根據產能及利潤最大化的目標來定價，隨後進入市場的第二個廠商，認為只要將價格定得略低，就能囊括市場。兩個廠商因此進行價格競爭，直到利潤為零。

(三) **史塔貝克模型** (Stackelberg model)：廠商推斷其他廠商的產量，並以此納入本身的產出決策中，再根據利潤最大化原則，決定自己的產量水準。

寡占市場特質

產品
大同小異

大規模
生產

廠商彼此的
影響大

廠商
易相互勾結

少數廠商
壟斷

企業偏好
非價格競爭
(ex 送贈品、
點數)

產品價格
穩定

有超額利潤

 優點

 寡占市場

 缺點

可達規模經濟

有利潤
↓
有創新研發的誘因

資源使用不是最有效率

廠商會彼此勾結

寡占廠商間競爭模型

古諾型

貝爾川模型

史塔貝克模型

獨占市場

一、獨占市場的意涵

　　由於產品具獨特性，其他生產者很難進入市場，所以市場上，僅此一家廠商生產，而且沒有同質性的替代品存在。

二、獨占市場的特質

　　(一) 只有一家廠商。
　　(二) 產品無近似替代品。
　　(三) 市場存在進入障礙。

三、獨占形成的原因

(一) **法律的限制**：1. 專利權及著作權的保護；2. 公營企業，如電力公司、自來水公司、中華郵政。

(二) **自然獨占**：經濟力量運作，造成某企業具大規模經濟的特性。

四、牽制獨占常見的政策工具

　　(一) 政府限定價格。
　　(二) 訂定類似公平交易法的「反獨占法」。

五、獨占與完全競爭的比較

(一) **價格**：與完全競爭的廠商相比，獨占廠商的產量較少，售價較高。

(二) **生產效率**：獨占廠商的生產較無效率；因完全競爭市場的廠商，會在平均成本的最低點生產，而獨占不會。

(三) **資源配置效率**：獨占的資源配置效率，比完全競爭市場差；獨占的產量，少於完全競爭市場，會造成絕對損失。

六、獨占市場的優缺點

(一) **優點**

　　1. 大規模生產，可得規模經濟利益。
　　2. 廠商資本雄厚，可從事研發與創新，或購買更先進的儀器設備。
　　3. 無惡性競爭，市場安定。

(二) **缺點**

　　1. 社會福利水準降低。
　　2. 所得分配不均。
　　3. 廠商缺少競爭，缺乏研發與創新的動力。

七、產業集中指數

　　當產業集中指數愈大，獨占程度愈高；指數愈小，獨占程度愈小。公式如下：

主要廠商銷售額 (或資產額)／整個產業銷售額 (或資產額)

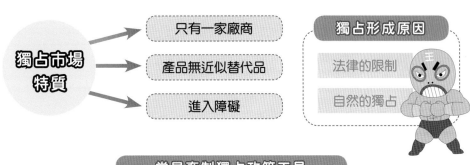

獨占市場
特質 → 只有一家廠商

→ 產品無近似替代品

→ 進入障礙

獨占形成原因

法律的限制

自然的獨占

常見牽制獨占政策工具

政府限定價格

訂定公平交易法

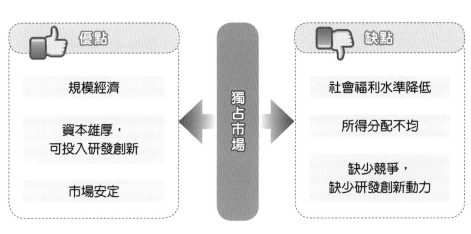

優點

規模經濟

資本雄厚，
可投入研發創新

市場安定

獨占市場

缺點

社會福利水準降低

所得分配不均

缺少競爭，
缺少研發創新動力

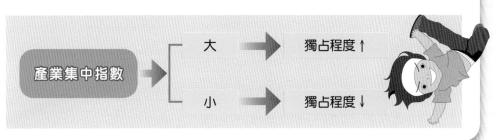

產業集中指數 →
大 → 獨占程度↑

小 → 獨占程度↓

Date _____/_____/_____

第 5 章
經濟制度與政府

5-1 總體經濟學

5-2 經濟制度

5-3 市場失靈

5-4 政府經濟角色

5-5 政府失靈

5-6 總體經濟政策

5-1 總體經濟學

一、總體經濟學意涵

總體經濟學是相對於古典個體經濟學，主要是使用國民收入、經濟整體的投資和消費等，總體性的概念，來研究整體國家經濟問題與經濟規律。

二、總體經濟學兩大陣營

(一)「古典陣營」

強調市場機制的運作，可使經濟達到「柏拉圖最適」的境界。因此，經濟可以自動達到 (維持)「充分就業」的境界。

(二)「凱因斯陣營」

這個陣營強調政府功能，因為放任市場自由運作，將會造成「市場失靈」。所以，政府應該要積極運用財政及貨幣政策，來穩定經濟的波動。

三、總體經濟學發展歷程

在 1929 年至 1939 年間，歐美自由經濟國家發生經濟大恐慌，當時主流的古典經濟學，認為自由市場的自由價格機制，如同一隻全能的黑手 (看不見的手)，可使經濟自動充分就業。同時也否定有效需求不足與失業嚴重，可能共同存在的可能。經濟大恐慌所造成的嚴重失業，未能解決的時間，長達十年之久。在此背景下，英國經濟學家約翰 · 凱因斯 (John Keynes) 在 1936 年發表了《就業、利息與貨幣的一般理論》(*The General Theory of Employment, Interest and Money*)，該巨著代表現代總體經濟學的開始。

四、總體經濟學所欲解決的問題歸納為六大議題

分別是 1. 國民生產；2. 通貨膨脹；3. 失業；4. 利率；5. 匯率；6. 國際收支等。其他經濟議題如經濟成長、投資、消費、貨幣供給、進口、出口，以及稅賦等問題，都可在前述的六大問題中，加以涵蓋並說明。

五、總體經濟學五大主題

1. 景氣波動；2. 經濟成長；3. 所得分配；4. 就業；5. 物價變動。

六、總體經濟學重要學派

1. 傳統凱因斯總體經濟學；2. 後凱因斯總體經濟學；3. 新古典綜合學派；4. 貨幣學派；5. 理性預期總體經濟學；6. 新古典學派總體經濟學。

七、總體經濟學重要概念

1. 國內生產總值；2. 國民生產總值；3. 物價指數；4. 失業率；5. 菲利普斯曲線；6. 產權；7. 貨幣；8. 庇古效應 (Pigou Effect)。

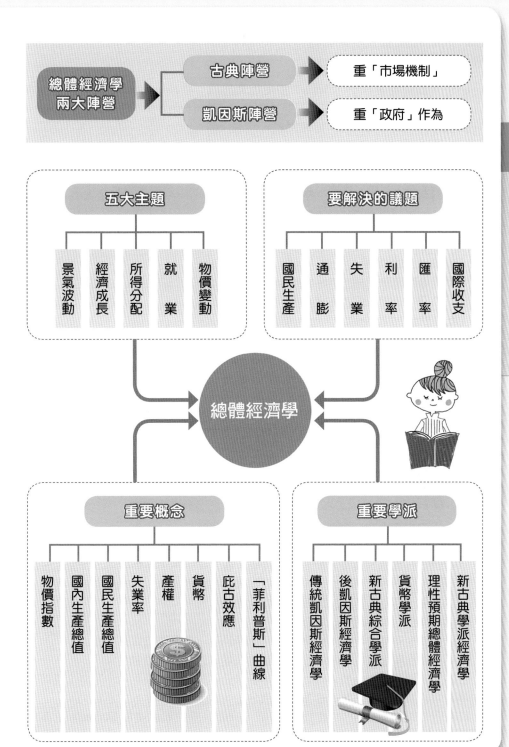

總體經濟學
兩大陣營 → 古典陣營 → 重「市場機制」

凱因斯陣營 → 重「政府」作為

五大主題
- 景氣波動
- 經濟成長
- 所得分配
- 就業
- 物價變動

要解決的議題
- 國民生產
- 通膨
- 失業
- 利率
- 匯率
- 國際收支

總體經濟學

重要概念
- 物價指數
- 國內生產總值
- 國民生產總值
- 失業率
- 產權
- 貨幣
- 庇古效應
- 「菲利普斯」曲線

重要學派
- 傳統凱因斯經濟學
- 後凱因斯經濟學
- 新古典綜合學派
- 貨幣學派
- 理性預期總體經濟學
- 新古典學派經濟學

任何經濟社會都必須解決，四個經濟問題：生產什麼 (what)、如何生產 (how)、何時生產 (when)、以及為誰生產 (for whom)。如何處理這四大問題，不同的經濟制度，有不同的處理方式。

一、經濟制度的定義

經濟制度是解決經濟問題的方式，制度必須涵蓋規則，而規則可約束並規範各個經濟個體 (家戶、廠商、政府等)，相互之間的經濟關係與行為。

二、經濟制度的目標

1. 效率；2. 平等；3. 穩定與成長；4. 經濟自由；5. 充分就業；6. 對外均衡。

三、經濟制度的類別

從資源配置決策權 (市場與政府之分)，及資源所有權 (私人與國家之別)，可區分為市場經濟 (資本主義) 經濟制度、控制經濟制度 (共產主義) 與混合經濟 (社會主義) 經濟制度。

(一) 市場經濟 (資本主義) 經濟制度

透過市場機能運行，來決定資源配置及產品組合。該經濟制度的生產工具，是歸私人所有，資源分配則由市場決定。該制度奠基於亞當 ‧ 史密斯，(Adam Smith) 所出版的《國富論》(Wealth of Nation) 一書。該制度特質有七點：

1. 承認私有財產：在合法方式下取得的財產，有權進行充分的利用。
2. 強調經濟自由：生產自由、消費自由與就業自由。
3. 自利動機：強調自利是社會進步的動力。
4. 重視價格機能：「看不見的手」→價格機能，是資本主義的運轉樞紐。
5. 自由競爭：政府對合法範圍內的經濟事務，採放任不干涉。
6. 政府功能：「最好的政府是，干涉最少的政府」。
7. 資本主義經濟制度產生許多缺點：貧富懸殊。

(二) 控制經濟制度 (共產主義)

透過政府機構，直接分配資源，達成計畫生產目標。至於價格、產量或分配等經濟問題，均由政府規定，人民沒有任何選擇自由。該制度理論起源，主要奠基於馬克斯，目前仍存在的經濟體，如北韓、古巴。

(三) 混合經濟 (社會主義) 經濟制度

以控制經濟為主，私人經濟為輔的經濟制度。其主要特質有五點：

1. 承認私有財產制：私有財產是激勵人類奮發向上的原動力。
2. 尊重就業自由：個人勞力財產在不違背公眾福利的原則下，可自由運用。
3. 重視資本密集、技術密集與專業分工，以促成社會進步的原動力。
4. 政府經濟職能：政府的經濟職能，介於共產主義經濟制度與資本主義經濟制度之間。

生產什麼

何時生產

如何生產

經濟制度
必須解決

為誰生產

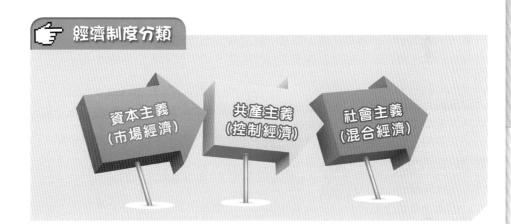

經濟制度分類

資本主義
(市場經濟)

共產主義
(控制經濟)

社會主義
(混合經濟)

經濟制度	性質	理論倡導者	特徵
資本主義 (市場經濟)	自由放任	亞當・史密斯 (Adam Smith)	私有財產 經濟自由 自利動機 價格 政府干涉少 自由競爭
共產主義 (控制經濟)	管制	馬克斯 (Karl Marx)	資源分配 經濟活動由政府控制
社會主義 (混合經濟)	人民福利		私有財產 就業自由 資本、技術、分工 政府干涉多

5-3 市場失靈

　　2008 年從次級房貸所引爆的全球金融海嘯，國內義美使用過期原料生產、乖乖竄改生產日期、胖達人麵包不實廣告、味全黑心油，都是市場失靈案例。

一、亞當 • 史密斯巨著

(一)《國富論》(The Wealth of Nations)：肯定追求個人利益最大化，滿足人類欲望無可厚非。因為正是這種無窮欲望，推動了人類社會的進步。傳統自由經濟學者以此依據認為，當生產者追求利益極大化，而消費者追求效用極大化，如此可達到所謂「柏拉圖原則 (Pareto principle)」的狀態。所謂「柏拉圖原則」是指在沒有任何人「效用」受損的情況下，資源獲得分配的最佳效率，其中價格像一隻「看不見的手」，主導市場內經濟活動。

(二)《道德情操論》(The Theory of Moral Sentiments)：以上帝賦予人的基本天賦——同情心，來闡釋正義、仁慈、克己等一切道德情操，並說明利己的人要控制自己私欲和行為，並反對貪婪或邪門歪道，更不能對大自然掠奪。

二、「草原悲劇」(Tragedy of the commons)

　　此觀念是由哈定 (Hardin) 提出，故事在描述草原附近，住著一群牧羊人。「草原的草」代表公共財，每個牧人均希望自己的羊，到草原吃最多的牧草，也因過度使用，而快速枯竭。「草原悲劇」在說明，當人擁有某種共同資源時，會採取最貪婪的行為，且不會考慮結果。

三、市場失靈

　　市場失靈是指在某些外在因素的影響下，使得市場無法透過供需關係，去達到資源配置的理想狀態，因而嚴重阻礙生產力發展，導致市場失敗的經濟現象。譬如，市場上的產品，在沒有環境成本的考量下，價格雖然維持低廉，創造更多的消費數量，不過後遺症卻也導致了更多的汙染情形。

四、市場失靈的原因

　　1. 道德危機 (過度貪婪)；2. 公共財提供的問題 (政府提供商品或勞務，使用成本無法以市場機能解決)；3. 外部性所產生的問題 (汙染)；4. 自然獨占 (獨買、獨賣) 造成市場失靈；5. 資訊不對稱所產生的問題。

五、解決市場失靈的辦法

　　1. 透過課稅 (汙染稅) 或管制製造外部成本者，並對產生外部利益者補貼 (減稅)。2. 法律規範。3. 提供具有共享性，以及無法排他特性的公共財，譬如，免費法律諮詢。4. 成立公營獨占產業 (自來水公司、電力公司)，或對民營的自然獨占產業，進行價格管制。5. 採取適當的所得重分配，與公共支出措施，以改善貧富不均，降低福利分配不均現象，譬如：奢侈稅。6. 資訊要求公開：避免廠商將各種有害身體的化學藥物，摻入食物、衣物，或建材中。

亞當・史密斯 →
├ 國富論 → 追求利益、滿足人的最大欲望
└ 道德情操論 → 控制私欲、反對貪婪

市場失靈

- 資源分配無效率
- 阻礙生產力發展

市場失靈 →
- 過度貪婪 (道德危機)
- 公共財提供的問題
- 外部性所產生的問題
- 自然獨占 (獨買、獨賣)
- 資訊不對稱

解決市場失靈的辦法

- 課稅
- 提供免費共享財
- 成立公營獨占事業
- 法律規範 (反托拉斯法)
- 所得重分配
- 資訊要求公開

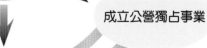

市場競爭是經濟活動，最有效的調控者、管制者，惟市場並非完美，資源可能被不當使用或浪費，故政府需介入。

一、亞當 ‧ 史密斯的主張：他主張小而美的政府，其職能僅限 1. 維護國家安全的國防 (維護國家領土完整、主權獨立、免於遭受外力侵略)；2. 保障社會治安及維護市場交易秩序的司法；3. 提供必要的公共建設；4. 培養人才的教育。

二、政府干預範圍

(一) 干預範圍：政府應彌補市場的缺陷和不足，才能進行匡正。

(二) 干預目的：政府主要是恢復市場機能，而不是去代替市場。

(三) 干預目標：政府干預要達成的目標，主要包括：1. 提高經濟效率；2. 促進社會公平；3. 提高生活品質；4. 促進區域均衡發展。

(四) 干預結果：必須要比干預前的情況，有所改善和好轉，否則就不要干預。按照這一原則，政府在干預前，應先評估，以減少副作用，並增加有效性。

三、政府經濟功能

1. 糾正市場失靈；2. 保護幼稚工業；3. 提高經濟效率；4. 促進社會公平；5. 區域均衡發展；6. 降低失業率；7. 縮小貧富差距。

四、政府經濟工具

政府角色的擴張，主要是第二次世界大戰以後，各主要民主國家的公共支出，包括消費性支出、政府投資，及移轉性支付，也迅速的增加。

(一) 總體經濟工具：政府直接供應、貨幣政策、財政政策、貿易政策、外匯政策、所得政策等。

(二) 個體經濟工具：政府管制、反托拉斯政策、公營事業、產業政策、訂定標準、證照申請制、課稅、補貼、充當保證人、採購者等。

五、政府干預主要方式

1. 許可經濟活動；2. 管制經濟活動；3. 禁止經濟活動；4. 政府直接營運獨占事業 5.；政府參與經濟活動；6. 政府規劃經濟活動。

六、政府干預的成本

政府干預的成本，通常十分可觀，這些成本要由誰來承擔？ 1. 直接由政府負擔成本；2. 由廠商 (及家庭單位) 直接承擔；3. 第三者承擔。

七、21 世紀政府角色：21 世紀的經濟社會，人民對政府的角色期待，已經不是古典學派認為「管理最少的政府，就是最好的政府」的概念，也不是凱因斯學派的「大有為政府」的想法。人民對政府的期待是：當市場經濟可以自行運作時，政府的職責就是避免對市場經濟干擾與破壞；當市場自由競爭，無法達到最適社會福利水準的柏拉圖境界時，政府就必須從事生產或者干預活動，以避免市場失靈。

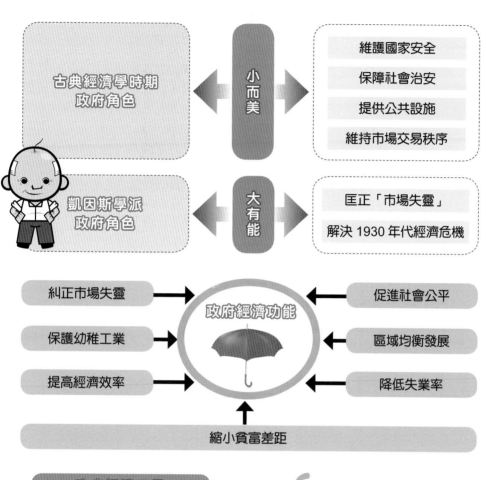

古典經濟學時期政府角色　←小而美→　維護國家安全／保障社會治安／提供公共設施／維持市場交易秩序

凱因斯學派政府角色　←大有能→　匡正「市場失靈」／解決 1930 年代經濟危機

糾正市場失靈　→　政府經濟功能　←　促進社會公平
保護幼稚工業　→　　　　　　　←　區域均衡發展
提高經濟效率　→　　　　　　　←　降低失業率
　　　　　　　　↑
　　　　縮小貧富差距

政府經濟工具
總體經濟工具
個體經濟工具

政府干預主要方式
許可經濟活動
管制經濟活動
禁止經濟活動
直接營運獨占事業
參與經濟活動
規劃經濟活動

5-5 政府失靈

　　歐債風暴就是希臘、西班牙政府的失靈，美國預算僵局造成聯邦政府的停職關門，則是美國政府的失靈。2010 年 6 月 9 日苗栗縣政府強制徵收農地，強拆民房，因而造成大埔農民的抗爭，以及多人死亡，這算是地方政府的失靈。

一、「政府失靈」(Government failure) 意義

　　政府採取各種措施，以彌補市場機能的缺陷，但在實際執行時，由於政府的局限性，和其他客觀因素的制約，所引發的不良影響，稱為政府失靈。英國經濟學家 Hume 說，一旦政府失靈，就像敗家子拿到一張倫敦銀行，空白的支票，後果的嚴重性可想而知。

二、「政府失靈」的原因

(一) **決策者缺德**：如林益世、陳水扁的貪汙。

(二) **從公共選擇的理論觀點**：1. 官員效率不足；2. 好大喜功，造成不必要的浪費；3. 對政府監督者，因資訊不足等原因，造成監督無效率。

(三) **從反管制大師史蒂格勒 (George Stigler) 的理論觀點**：1. 政府資訊不足 (政府對政策環境變遷的感知能力不足，使得政策趕不上變化)；2. 利益團體「遊說」或賄賂政府官員；3. 制定政策與執行之間，出現落差；4. 政府對意外狀況，處理不佳。

(四) **其他原因**：政府、民意機關短視近利，只求現在有錢花，因為問題發生時，他們早已不在其位。1. 公共財讓人「搭便車」，坐享其成；2. 政府官員無專業遠見；3. 與廠商勾結，圖利特定廠商。

三、政府管制的缺點

(一) **費用太高**：推動、管理及遵守法規會增加實質支出，這些成本將由政府、企業、個人負擔，最終會反映在較高售價、較低工資、研究及生產等方面。

(二) **阻礙進步改革，減損生產力及競爭力**：管制會造成某些難以估計的缺點，例如：阻礙經濟活動的彈性及革新，進而破壞生產力及競爭力。

四、「政府失靈」的後果

　　政府干預市場可能未能解決問題，反而產生新的問題。有時政府的失靈，比市場失靈的後果，更為嚴重！例如：1. 威脅人民經濟自由；2. 過度消費公共財，造成債務負擔，給後代子孫留下爛攤子；3. 公共支出擴大，對私部門產生排擠效果；4. 生產成本偏高，品質不一定好。

五、解決「政府失靈」的方法

　　1. 回歸市場機制運作；2. 政府決策民主化和透明化；3. 明確規範政府職權與範圍；4. 以法律約束政府權力；5. 有效制止政府官員腐敗；6. 重要議案的表決，採多數決；7. 重大政策 (如廢核四)，由全民投票直接決定；8. 凡是擴大公共支出，對於所要增加的租稅，要清楚說明。

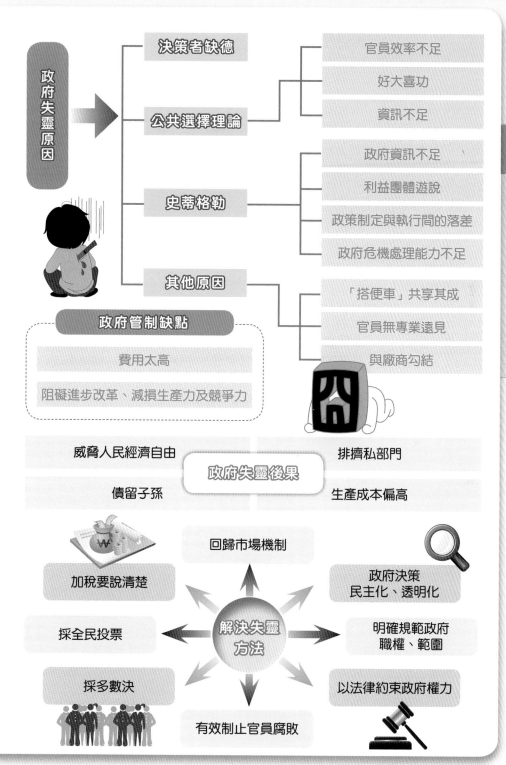

政府失靈原因

決策者缺德

公共選擇理論
- 官員效率不足
- 好大喜功
- 資訊不足

史蒂格勒
- 政府資訊不足
- 利益團體遊說
- 政策制定與執行間的落差
- 政府危機處理能力不足

其他原因
- 「搭便車」共享其成
- 官員無專業遠見
- 與廠商勾結

政府管制缺點
- 費用太高
- 阻礙進步改革、減損生產力及競爭力

政府失靈後果
- 威脅人民經濟自由
- 排擠私部門
- 債留子孫
- 生產成本偏高

解決失靈方法
- 回歸市場機制
- 政府決策民主化、透明化
- 加稅要說清楚
- 明確規範政府職權、範圍
- 採全民投票
- 以法律約束政府權力
- 採多數決
- 有效制止官員腐敗

一、雷根經濟學

雷根經濟學 (Reaganomics) 為已逝美國總統雷根 (Ronald Wilson Reagan)，在 1980 年競選連任時，所推出減稅政見。當年雷根以此作為刺激景氣的政策主軸，故又稱供給面經濟學 (Supply-side economics)。他是美國史上，最受歡迎的總統之一，他最有名的政績之一，就是帶領美國，走出經濟衰退的陰霾。雷根經濟政策的四大支柱是：

1. 減少政府開支的增長。
2. 降低所得稅和資本利得稅。
3. 減少管制。
4. 控制貨幣供應量，以降低通貨膨脹率。

二、安倍經濟學

日本首相安倍晉三採取積極刺激經濟的政策，被外界稱為「安倍經濟學」(Abenomics)。他按部就班推出三支箭：

第一支箭，是「超級量化寬鬆政策」，這是為了要終結日本，持續將近 20 年的通貨緊縮 (處理物價下跌的問題)。於是他放手讓日圓狂貶，促進出口、企業投資，帶動消費。

第二支箭是「財政刺激」，也就是增加政府支出，祭出規模高達 10 兆日圓的財政刺激方案，將資金投入到一系列的公共建設計畫，以期能進一步刺激經濟成長率。

第三支箭是「結構性經濟改革」，目標是鼓勵日本的民間投資，民間投資對推動經濟成長的效益更勝公共投資。

「安倍經濟學」實施至今，普獲國際社會好評，但 2014 年日本民調結果卻顯示，日元貶值及拉抬股市，在短期雖獲成效，可是卻有高達 70% 的日本民眾，並未覺得受惠於安倍的經濟政策。而且日本家庭貧富兩極化的問題，極為嚴重。

三、李克強經濟學

「李克強經濟學 (Likonomics)」一詞是指，李克強為大陸制定的市場改革政策。「李克強經濟學」，它由三個主要部分構成：放棄刺激措施、去槓桿化和結構性改革。政策核心著重抑制信貸急劇擴張，扭轉房市泡沫，強化環境保護。其中金融改革是核心，譬如放款利率自由化；擴大開放，譬如通過「中國『上海』自由貿易試驗區總體方案」；在財政政策方面，則將堅持不擴大赤字，通過調整支出結構，壓縮行政開支，加快支出進度。

李克強經濟學係以自由化為核心思想，去除壟斷、朝活化民間投資的方向推動，期盼引導大陸經濟體質轉變，成為更具有活力與競爭力的經濟體。

雷根經濟學

減少
開支增長

降低所得稅、
資本利得稅

減少管制

降低通膨

超級量化寬鬆政策

結構性經濟改革

安倍經濟學

財政刺激政策

李克強經濟學

放棄刺激措施

去槓桿化

結構性改革

Date _____/_____/_____

第 6 章
國民所得

6-1　國民所得

6-2　綠色國民所得

6-3　國民生產毛額

6-4　國內生產毛額

6-5　國內生產毛額的類型

6-6　「國內生產毛額」支出面分析

6-7　計算國內生產毛額

6-8　經濟成長率

6-9　經濟發展

6-10　經濟福利

6-11　個人所得

6-12　所得分配

6-13　緩解所得分配不均

6-1 國民所得

經濟成長率高，你有感覺嗎？為什麼無感？

一、「國民所得」(National income) 的由來與建立

1934 年美國學者顧志耐 (Simon S. Kuznets) 發表國民所得資料，採會計觀念建立「國民所得會計帳」。於 1971 年以「國民所得總體經濟」的研究成果，榮獲第三屆諾貝爾經濟學獎。顧志耐也因此，被稱為「國民所得會計之父」。

二、「國民所得」意義

是指本國國民在國內及國外，從事生產所獲得的收入總和，同時也是國民提供各種生產要素，所得到的報酬加總。

國民所得＝薪資所得＋租金所得＋利息所得＋利潤所得

三、「國民所得」呈現方式

國民所得因有不同的統計標準，最廣為使用的是國內生產毛額 (Gross Domestic Product，簡寫為 GDP) 與國民生產毛額 (簡寫為 GNP)。

(一)「國民生產毛額」定義

國民生產毛額是指「一國全體人民」，在「一定期間內」，所有生產的「最終商品與勞務」。最後用「名目市場價值」，所表現出來的。

(二)「國內生產毛額」定義

一國「國境內」在「一定期間內」所生產出來，提供「最終用途」的商品與勞務之「市場價值」。

四、「國民所得」計算方法

「產出計算法」、「支出計算法」及「所得計算法」。

五、「國民所得」非真實所得

當政府一直講經濟成長率有多高，為什麼老百姓沒感覺？因為經濟成長的果實，嚴重分配不均。事實上，GNP 和 GDP 也並不足以反映，人們真實的生活，這主要是因為七大原因，如下所示：

1. 遺漏了非市場的生產，及地下經濟的交易活動。2. 人口多。3. 沒有考慮閒暇及汙染。4. 所得分配不平均。5. 不同的產出組合。6. 匯率不同或波動的問題。7. 物價水平的轉變。

六、地下經濟

地上經濟是合法的經濟活動，地下經濟是「不報稅」的經濟活動。「不報稅」的經濟活動，包括自給自足的自建工程、攤販、地下工廠和其他各類服務業等，其中以夜市攤販最活絡。

薪資

租金

利息

利潤

國民所得 ← → 所得加總

 國民所得呈現法

國民所得呈現法 →

國「民」生產毛額 →
- 一國全體人民
- 一定期間內
- 最終用途商品與勞務
- 市場價值

國「內」生產毛額 →
- 一國國境內
- 一定期間內
- 最終用途商品與勞務
- 市場價值

國民所得計算

產出計算法

支出計算法

所得計算法

國民所得非「真實」所得原因

遺漏地下經濟

未考慮閒暇與汙染

分配不均

匯率的差異

物價波動

一、「國民所得」概念不足處

　　1. 忽略了天然資源稀少性的計算，以致於無法達成經濟的永續生產力。

　　2. 忽略了因汙染，而導致降低環境的品質，及其對人類健康及社會福利的影響。

　　3. 未將水、空氣、廢棄物等汙染，及自然資源的耗損納入。

　　4. 地下經濟未納入。

二、「綠色國民所得」意義

　　「綠色國民所得」亦稱為「經過環境調整的國民所得」，這是 1987 年聯合國及世界銀行所共同設計出，兼顧國民生活水準，與環境永續發展的經濟指標。它可衡量 1. 國民福利水準；2. 生態平衡；3. 環境永續發展的指標。

三、「綠色國民所得」的計算

　　綠色國民所得同時涵蓋「市場價值」及「非市場價值」，即同時考慮到經濟利益及環境因素。計算的方式，是將自然資源消耗及環境品質變化，自 GNP 中扣除，以精準反映國民經濟的福祉。

(一) 自然資源消耗

　　自然資源消耗的估算，採淨價格法，即開採收入減開採成本。

(二) 環境品質的質損

　　環境品質的質損之估算，採維護成本估計法，對未採防治措施之汙染行為，估算目前最佳可行技術下，實際應投入的汙染防治成本，作為環境品質的質損之估計值，若缺乏最佳可行技術成本資料，則以歷史成本法代替。

四、「綠色國民所得」的公式

　　綠色國民所得＝各期計算出來的 GDP －自然資源消耗－環境品質變化

五、「綠色國民所得」顯示內涵

　　1. 自然資源存量與使用量。

　　2. 環境汙染的汙染量。

　　3. 環境品質所受的衝擊。

　　4. 自然資源所提供的服務資訊。

六、繁榮指數 (Prosperity index)

　　該指數將經濟、創業機會、政府治理、教育、健康、安全、個人自由和社會資本等，八個分項指標、八十九個變項進行評比。這是由英國智庫列格坦研究所 (Legatum) 調查編製，今年已邁入第七年，是唯一同時將收入和幸福因素，列入考量的全球指數，2013 年臺灣排名是第 22 位。

國民所得
不足處

→ 忽略天然資源稀有性的計算

→ 忽略汙染導致降低品質

→ 忽略汙染及自然資源的耗損

→ 地下經濟未納入

「綠色國民所得」可衡量

國民福利水準

生態平衡

環境永續發展

「綠色國民所得」

市場價值

非市場價值

綠色國民所得 ＝ GDP － 自然資源消耗 － 環境品質變化

顯示「內涵」綠色國民所得

自然資源所提供的資訊

自然資源存量與使用量

環境汙染的汙染量

環境品質所受的衝擊

繁榮指數

經濟	健康
創業機會	安全
政府治理	個人自由
教育	社會資本

→ 2013 年
臺灣排全球
第 22 位

6-3 國民生產毛額

一、「國民生產毛額」(Gross National Product) 代表意義

GNP 的多寡代表一國生產力的大小，也可由其得知一國經濟的盛衰。

(一) 國籍

國民生產毛額是以生產者的國籍，為界定的範圍。依照國民生產毛額的定義，譬如，王建民在美國職棒中擔任投手，年薪若是 100 萬美元，這 100 萬美元應計入我國的 GNP。林書豪若是美國籍，而又在美國職籃，其年薪若是 100 萬美元，這 100 萬美元應計入美國的 GNP，並不包括在我國國民生產毛額中。

(二) 一段期間之衡量

國民生產毛額是針對一定期間，加以計算，目前衡量期間最短為一季，最長為一年。

(三) 生產最終商品與勞務

1. 商品是指各種有形的產品；2. 勞務是指各種服務。現代社會的生產是採取迂迴生產 (Round about production)，通常一件產品需經過多次加工製造，才能完成。生產過程中的產品，就稱為中間產品，而最終產品則是指，供最終消費使用的產品。

(四) 市場交易的總價值

因為有「地下」經濟活動，又沒有價格紀錄，所以就無法列入國民生產毛額中。

二、GNP 的計算

(一) 支出面法 (Expenditure approach)

是從支出面，將全社會的家庭、企業、政府與國外等四部門，所購買之最終產品的支出，予以加總。

$$GNP ＝消費 (C) ＋投資 (I) ＋政府購買 (G) ＋淨出口 (出口－進口)$$

(二) 要素所得法 (Factor income approach)

是從所得面，將勞動、資本、土地與企業才能等四大生產要素的所得，予以加總起來的結果，所以也稱為要素支出法 (Factor payments approach)。

三、國民生產毛額與國內生產毛額的差別

兩者主要的差別，在於國民生產毛額是以國民為對象。因此，本國國民在國外要素的所得收入，要扣除外國國民在國內的要素所得，所剩餘才是國民生產毛額。

可了解該國生產力

可知該國經濟興衰

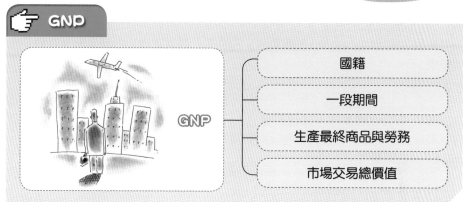

GNP

國籍

一段期間

生產最終商品與勞務

市場交易總價值

099

計算GNP

支出面的方法　GNP ＝　消費 (C) ＋ 投資 (I) ＋
政府購買 (G) ＋ 淨出口 (出口－進口)

要素所得的方法　GNP ＝　薪資所得 ＋ 租金所得 ＋
利息所得 ＋ 利潤所得

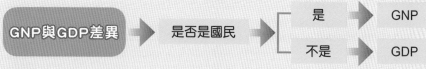

GNP與GDP差異 ➡ 是否是國民 ➡ 是 ➡ GNP

不是 ➡ GDP

知識維他命

行政院會 2012 年 11 月 22 日通過「公共債務法」修正案，債限計算基礎由目前的國民生產毛額 (GNP)，改為國內生產毛額 (GDP)，並增訂地方債務 (五都) 預警機制、地方政府強制還本規定、地方政府債務資訊揭露明訂入法，以及債務超限管制機制等，以健全地方政府財政。

6-4 國內生產毛額

國內生產毛額的大小，表示一國的經濟規模，也是經濟情勢、股市榮枯的判斷，並可作為衡量各國經濟發展，重要的指標。

一、國內生產毛額的定義

一國「國境內」在「一定期間內」，生產「最終用途」的商品與勞務的「市場價值」。

(一)「國境內」

一國之內的所有生產活動，包含外人來臺投資，或是外勞在國內的報酬都是 GDP 的一部分，但具中華民國國籍的人，在國外的生產則不屬之。譬如：臺商在越南設立子公司，即使將營利匯回臺灣的母公司，其營利仍屬越南的 GDP。

(二)「一定期間內」

例如一季或是一年，非本季或本年度生產者，不能計入其中。

(三)「最終用途」

只計算最終產品的價值，如此才不會重複計算 (Double counting)，而高估 GDP。

(四)「市場價值」

強調商品與勞務的「市場價值」，因此，主婦的家事服務並未計入 GDP 中。

二、國內生產毛額估算方法

(一) 生產面觀點 (最終產品法)

計算最後財貨與勞務的價值總和。譬如，某甲設籍在臺灣，卻在日本開餐廳，則某甲在日本的所得，將會被納入到日本的 GDP。

$$GDP ＝農業產出＋工業產出＋服務業產出$$

(二) 支出面觀點 (又稱國內支出毛額 GDE)

從社會四大部門 (家計部門、企業部門、政府部門、國外部門)，購買最終財貨與勞務，所支出的總和。

$$支出面＝消費＋投資＋政府的消費支出＋淨出口 (出口－進口)$$

(三) 所得面觀點

1. 要素所得法

$$所得面＝薪資＋利息＋地租＋利潤＋折舊＋間接稅淨額$$

2. 附加價值法：將生產過程中，所有階段所創造的附加價值，予以加總。

$$附加價值＝產品價值－中間投入$$

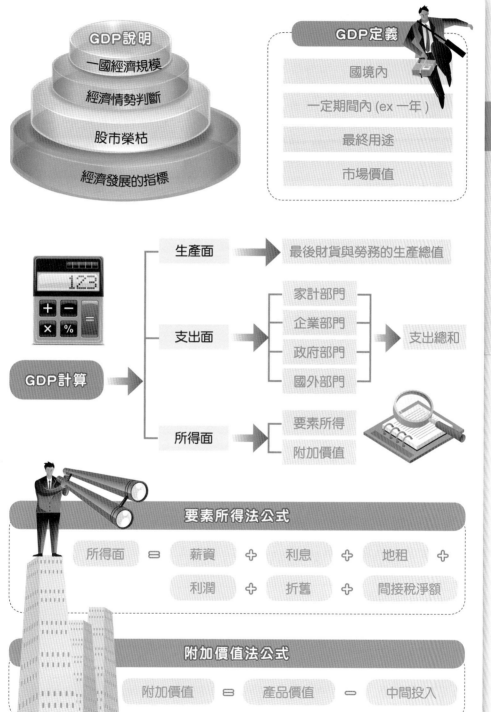

GDP說明

一國經濟規模

經濟情勢判斷

股市榮枯

經濟發展的指標

GDP定義

國境內

一定期間內 (ex 一年)

最終用途

市場價值

生產面 ➡ 最後財貨與勞務的生產總值

支出面 ➡ 家計部門 / 企業部門 / 政府部門 / 國外部門 ➡ 支出總和

GDP計算 ➡

所得面 ➡ 要素所得 / 附加價值

要素所得法公式

所得面 ＝ 薪資 ＋ 利息 ＋ 地租 ＋ 利潤 ＋ 折舊 ＋ 間接稅淨額

附加價值法公式

附加價值 ＝ 產品價值 － 中間投入

　　宏達電今年賣出了 10 台智慧型手機，每台 1 萬元，那麼產值就是 10 萬元，到了明年物價上漲 10%，使得宏達電必須要調升售價來反映成本，因而調漲售價 10% 成為 11,000，而銷售量一樣維持 10 台，產值就變成了 11 萬元。從帳面數字來看，產值增加 10%，但從整個社會來看，智慧型手機還是賣出 10 台，老百姓並沒有獲得任何的利益。這就像是把手中的 1,000 元，換成十張 100 元一樣，看起來錢包變厚了，但實際上，並沒有因此變得更富裕。

一、國內生產毛額的類型

(一) 名目 GDP

　　GDP 數值是以最終商品與勞務的市價，加總計算，這種 GDP 稱為名目 GDP。這是以當期市價，計算的國內生產毛額，若物價較前期上漲，則名目 GDP 會產生虛增的現象。

(二) 實質 GDP

　　「實質」生產毛額是將物價漲跌因素，排除在外，其作法是以當期名目 GDP，除以當期的物價指數，所得到當期的實質 GDP。這是以基期價格，計算的國內生產毛額。

$$公式　第 t 年 GDP 平減指數 = \frac{第 t 年名目 GDP}{第 t 年實質 GDP} \times 100$$

　　實質成長率，就是一般我們所說的經濟成長率。計算方式是，今年的國內生產毛額，對比去年的增加率。

二、中華民國實質 GDP

　　臺灣自 1995 年起，按國際慣例，採實質國內生產毛額 (Real GDP) 的年增率，作為經濟成長率的計算。我國每年 2 月、5 月、8 月、11 月中下旬，由行政院主計總處公布前一季，國民所得統計及經濟成長率等統計數據。

三、當該國經濟成長率有衰退疑慮時，通常政府會採取提振民間消費、投資、出口與擴大政府支出來因應。

四、GDP 的忽略

　　常聽政治人物說，今年的 GDP 又增加多少，其實 GDP 既不等於富裕，也不等於幸福。因為 GDP 本身就忽略四大要點：1. 所得分配；2. 非市場交易；3. 休閒價值；4. 環境品質；5. 幸福。

　　GDP 所能衡量的，僅僅是經濟發展的量，而非經濟發展的質。若一味的注重 GDP 的成長，往往只是在短期數字上，有著亮麗的表現，然而卻對國家的長遠發展，沒有實質的貢獻。

GDP類型

名目GDP ➡️ 最終商品與勞務的市價總值

實質GDP ➡️ 物價漲跌排除在外

所得分配 ➡️ 可能少數人獲暴利，大多數是窮忙族

非市場交易

休閒價值

GDP所忽略的 ➡️ 環境品質

幸福

103

中華民國GDP ➡️ 行政院主計總處公布

每年 2 月、5 月、8 月、11 月公布

實質GDP ➡️ 第 t 年 GDP 平減指數 $= \dfrac{\text{第 } t \text{ 年名目 } GDP}{\text{第 } t \text{ 年實質 } GDP} \times 100$

提振GDP方法

增加民間消費　　增加投資　　擴大出口　　擴大政府支出

6-6 「國內生產毛額」 支出面分析

GDP (國內生產毛額) ＝ C (民間消費) ＋ I (民間投資) ＋ G (政府支出)
＋ X (出口) － M (進口)

一、消費 (Consumption, C)

民間消費指的是，家戶單位的消費性支出，可分為三大類：

1. 耐久性、非耐久性消費財與服務。
2. 自用住宅的設算租金。
3. 農戶自用的農產品價值。

目前我國民間消費，占國內生產毛額比重，高達六成左右，因此民間消費與經濟成長息息相關。在景氣低迷的特殊狀況，適當消費不代表奢侈浪費，因為對國家經濟有幫助，是自助助人的表現。

二、投資 (Investment, I)

又稱為國內資本形成毛額，相對於投資毛額，「投資淨額」則是投資毛額減去折舊。國內投資支出依其屬性，又分三個項目：「固定投資」、「住宅投資」及「存貨變動」。

淨投資＝投資毛額 (本期投資) － 折舊

(一) 投資的項目

包括添購機器設備、建造的建築物與增加的存貨。

(二) 投資的參與者

1. 家戶：住宅建築。
2. 廠商：機器運輸設備、廠房建築與增加存貨。
3. 政府：建築物、社會基本建設。

貨幣只是用來購買各種產品的交易媒介，不是國民生產的最終產品，故不能計入投資項目中。

三、政府消費支出 (Government, G)

「政府消費性支出」又稱政府購買，主要包括 1. 公務人員的薪資；2. 政府購買的最終商品與勞務，譬如八八風災的重建。但不包括社會救助等移轉性支付 (Transfer payments)，因為在此一過程當中，並沒有資源被消費或是被生產。

四、淨出口 (出口與進口)

淨出口又稱國外淨需求。

1. 出口－進口＞ 0，稱為淨出口或貿易順差 (Trade surplus)。
2. 出口－進口＝ 0，稱為貿易平衡 (Trade balance)。
3. 出口－進口＜ 0，稱為貿易逆差 (Trade deficit)。

民間消費

耐久性與非耐久性
消費財及服務

自用住宅
設算租金

農戶自用的
農產品價值

「投資支出」

固定投資

住宅投資

存貨變動

投資
項目

添購機器設備

增加的存貨

建造的建築物

投資參與者

家戶

廠商

政府

政府消費支出（政府購買） ➡ 公務人員薪資

政府購買的最終商品與勞務

 淨出口

出口	>	進口	➡	貿易順差
出口	=	進口	➡	貿易平衡
出口	<	進口	➡	貿易逆差

一、國內生產毛額計算方法

以下是某一國家的經濟資料 (億元)

工資	800	政府消費支出 (G)	200
消費支出 (C)	600	出口 (X)	300
直接稅	200	進口 (M)	250
利潤	200	儲蓄	250
投資支出 (I)	250	農業產出	100
間接稅	100	工業產出	600
移轉支付	50	服務業產出	400

1. 要素所得法計算 GDP

$$W + I + R + P = 800 + 200 + 100 = 1,100$$

2. 支出法計算 GDP

$$Y = C + I + G + X - M = 600 + 200 + 250 + 300 - 250 = 1,100$$

3. 生產面計算法

$$農業＋工業＋服務業 = 100 + 600 + 400 = 1,100$$

二、經濟成長率計算方法

假設臺灣在 2014 年與 2013 年，僅生產機車與機器人等兩種商品，其價格與數量如下，以 2013 年為基期，請填下列空格。

商品	2014 年		2013 年	
	數量	價格	數量	價格
機車	1,000 輛	45 萬元 / 輛	950 輛	42 萬元 / 輛
機器人	2,000 個	4 萬元 / 個	1,800 個	3.6 萬元 / 個
名目 GDP	**53,000 萬元**		**46,380 萬元**	
實質 GDP	**49,200 萬元**		**46,380 萬元**	
GDP 平減指數	**107.7**		**100**	

2014 年經濟成長率 = **6.08%**

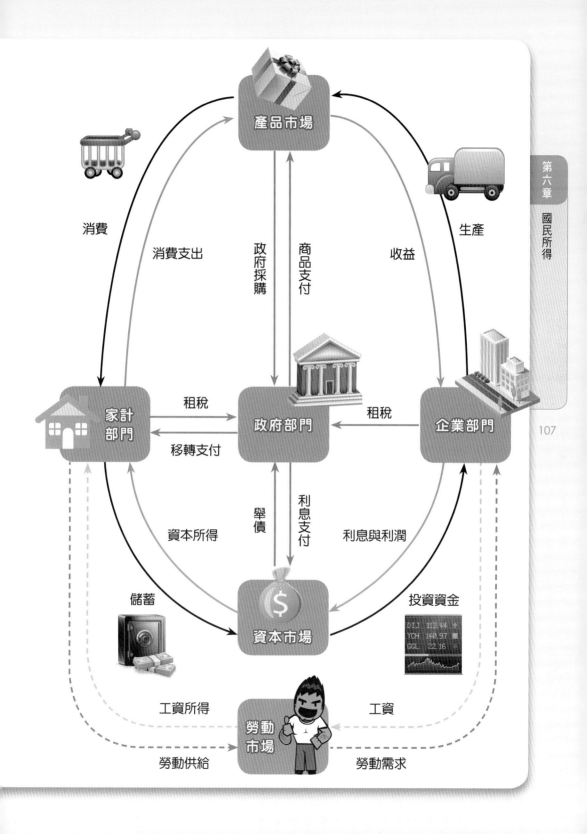

產品市場

消費

消費支出

政府採購

商品支付

收益

生產

家計部門

租稅

政府部門

租稅

企業部門

移轉支付

舉債

利息支付

利息與利潤

資本所得

儲蓄

資本市場

投資資金

工資所得

勞動市場

工資

勞動供給

勞動需求

在總體經濟學中，一般以實質國內生產毛額 (GDP) 變動率，來表示經濟成長速度，即經濟成長率。若老百姓生活的不幸福，經濟成長又有何意義？

一、經濟成長率 (Economic growth rate) 意涵

是指「實質總產出」或「實質國內生產毛額 (GDP)」的年增率。國際間多以經濟成長率，作為表示一國經濟實力、人民福祉和國際地位的指標。

二、經濟成長率公式

> 經濟成長率＝ (當年的國內生產毛額－前一年的國內生產毛額)
> / 前一年的國內生產毛額

三、經濟成長率三大面向

通常經濟成長的變動表現，可從三個方面觀察：1. 需求面：反應消費、資本形成，及淨出口等支出內容的相對改變；2. 生產面：反應農業、工業及服務業產出的相對變化；3. 分配面：反應勞動與資本等生產要素報酬的相對變化。

四、經濟成長的特性

1971 年獲諾貝爾經濟學獎顧志耐 (Simon S. Kuznets) 歸納出，國家經濟成長有六項特性：1. 每人產出高及人口成長高；2. 工廠生產力增高，尤其是勞動生產力；3. 經濟結構轉變；4. 社會與意識形態轉變；5. 已開發國家應將其經濟繁榮，影響世界其他市場；6. 第三世界國家過多人口，耗盡其經濟成長的果實。

五、提高經濟成長率的方法

增加民間消費、投資、政府支出及進出口貿易順差，會直接提高經濟成長率。

(一) 增加民間消費：薪資增加、所得增加，皆可增加民間消費。但根據 2013 年行政院主計總處統計，薪資已倒退到 16 年前水準。再加上，我國民間消費占 GDP 比率已不低，人口也將快速老化，所以不宜增加消費，而降低儲蓄。

(二) 增加投資：譬如企業投入更多經費在創新研發，或購買精良創新的儀器設備等，都是增加投資的方式。對整個國家而言，投資的主要來源是儲蓄。儲蓄 (Saving) 指的是一個家庭從每年的各項所得，包括薪資、利息收入等，減去消費支出後之餘額。

(三) 增加政府支出：政府可以透過，增加其在市場購買，如大量採購物資。此外，如興建國宅、港口、營運特區、危橋重建、觀光公共設施等，皆是政府可行的措施。政府的錢，都是老百姓的血汗錢，運用的時候，當苦民所苦，同時也要有效果 (Effective)、效率 (Efficient)。

(四) 增加貿易順差：政府的匯率、利率，廠商是否有創新研發，以及發展品牌通路等。

經濟成長率意涵

| 經濟實力 | 人民福祉 | 國際地位 |

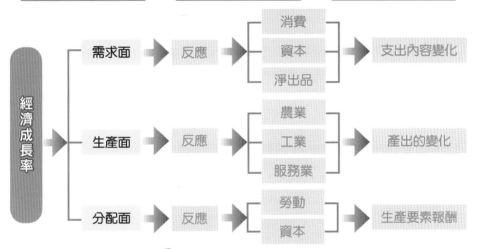

經濟成長率

需求面 ➡ 反應 ➡ 消費 / 資本 / 淨出品 ➡ 支出內容變化

生產面 ➡ 反應 ➡ 農業 / 工業 / 服務業 ➡ 產出的變化

分配面 ➡ 反應 ➡ 勞動 / 資本 ➡ 生產要素報酬

經濟成長特性

- 每人產出高
- 工廠生產力高
- 經濟結構轉變
- 社會與意識型態轉變
- 已開發國家市場繁榮，會影響其他市場
- 第三世界人口將限制經濟成長

增加民間消費	政府支出
	提高經濟成長率	
投資	進出口貿易順差

6-9 經濟發展

經濟成長著重國內生產毛額，經濟發展則強調多面向的，兩者是不一樣的。

一、經濟成長率的迷失

國內生產毛額計算的經濟成長率，和人民實際收支的相差極大，因為這項成長率中包含了人民實際上未得到的資本折舊的成長，以及因物價調整而虛增的貿易條件變化損益等項目，因此並非人們真正的所得之成長。所以很多國家已不再迷信，經濟成長會帶來整體社會財富的利益均霑，轉而重視租稅的重分配效果，以及加強社會投資，包括福利服務工作，反而更能達到社會穩定發展。

二、經濟發展意義

經濟發展不同於經濟成長，只是單純的所得增加。它的目的是要全民受惠、永續生存。經濟發展基本上包含兩大核心：

(一) 基本價值

1. 維生 (Sustenance)：有能力滿足基本需要，包括食、住、健康、及人身保護。
2. 自尊 (Self-esteem)：人活得有尊嚴，有自我價值，不是被當作工具利用。
3. 自由 (Freedom from servitude)：不受奴役。

(二) 發展目標

1. 增加基本需要 (食、住、健、保) 的供應和普及。
2. 提高生活水準，包括所得、就業、教育、文化及文明水準。
3. 擴充經濟和社會的選擇。

三、經濟發展理論

(一) 結構學派理論

站在發展中國家角度出發，為了打破依賴核心國家的剝削，強調政府功能與進口替代的功能。該學派具有代表性的理論為：1. 二元經濟理論；2. 核心與邊陲理論；3. 起飛理論－ Walt W. Rostow；4. 平衡成長理論；5. 不平衡成長理論。

(二) 新古典學派發展理論

該學派具有代表性的理論為 1. 收入再分配論；2. 自由貿易論；3. 市場機制論；4. 農業發展論；5. 人力資本理論。

(三) 激進學派理論

包括 1. 依賴理論；2. 不平等交換論；3. 階級鬥爭國際化論；4. 社會主義革命論；5. 世界資本主義體系理論。

四、經濟發展新趨勢

各種理論經過幾十年的實踐之後，已發展出經濟學融合的趨勢。此時期主要有：1. 新經濟增長理論；2. 新制度主義；3. 尋租理論；4. 可持續發展理論等。

```
                              ┌─ 維生
                基本價值 ─→ ├─ 自尊
                              └─ 自由
經濟發展核心 ─→
                              ┌─ 增加基本需要的供應與普及
                發展目標 ─→ ├─ 提高生活水準
                              └─ 擴充經濟和社會的選擇
```

 經濟發展理論

結構學派理論
- 二元經濟理論
- 核心與邊陲理論
- 起飛理論
- 平衡成長理論
- 不平衡成長理論

新古典學派理論
- 收入再分配論
- 自由貿易論
- 市場機制論
- 農業發展論
- 人力資本論

激進學派理論
- 依賴理論
- 不平等交換論
- 階級鬥爭國際化論
- 社會主義革命論
- 世界資本主義體系理論

經濟發展新趨勢

| 新經濟增長理論 | 新制度主義 | 尋租理論 | 可持續發展理論 |

6-10 經濟福利

　　以往最通用、也最具代表性的經濟福利指標，就是平均每人實質所得。但是它的缺點是，只衡量經濟活動的成果，卻不能反映非經濟活動面的狀況，因此經濟福利順勢而起。

一、經濟福利的內涵

　　是多元的概念，但因涉及主觀價值的判斷，所以各學說的標準不一。但基本上的共識，主要有三方面：

　　1. 國民所得愈高 (薪資、失業率)，經濟福利就愈大。

　　2. 國民收入分配愈是均等化，社會經濟福利就愈大。

　　3. 經濟波動 (物價、房價) 愈小，經濟福利較高。

二、庇古 (Arthur Cecil Pigou) 的定義

　　庇古是著名的英國經濟學家，他在 1920 年所著《福利經濟學》一書中提出，福利的要素，是一些意識的狀態，即人對於某種事物，滿足自己偏愛程度的評價。福利有廣義與狹義之分。狹義是指經濟的部分；廣義的福利，則是指自由、幸福、正義等，這類福利無法計量。

三、諾德豪斯 (Nordhaus) 與托賓 (Tobin) 的定義

　　美國耶魯大學經濟學教授諾德豪斯與托賓，在 1972 年提出經濟福利指標。用生活素質指標，來作為衡量這個概念的標準。國民生活素質分成六大類：

　　1. 基本生活需要。

　　2. 衛生保健及文教康樂。

　　3. 社會安全與公平。

　　4. 政治、社會與經濟穩定。

　　5. 治安與社會秩序。

　　6. 自然與生態環境。

四、世界銀行的定義

　　1995 年世界銀行發表，實質國民財富 (Real wealth of nations) 作為經濟福利指標，一國財富分為人力資源、人造資產、自然資本三種。

五、行政院經濟建設委員會的定義

　　經建會於 1975 年開始按年編印「社會福利指標」，指標內容包含八個領域，分別為所得與分配、經濟穩定、壽命延長、公共衛生、教育文化、生活環境、就業與人口。

六、改善所得分配

　　改善所得分配不均的程度，縮短貧富差距一般是透過政府介入來達成，其主要方式有二：1. 改進租稅措施；2. 改善政府支出。

經濟福利基本共識 → 國民所得愈高 → 經濟福利↑

經濟福利基本共識 → 國民收入愈均等 → 經濟福利↑

經濟福利基本共識 → 經濟波動愈小 → 經濟福利↑

庇古 → 福利
- 狹義 → 經濟 → 可量化
- 廣義 → 自由／幸福／正義 → 不易量化

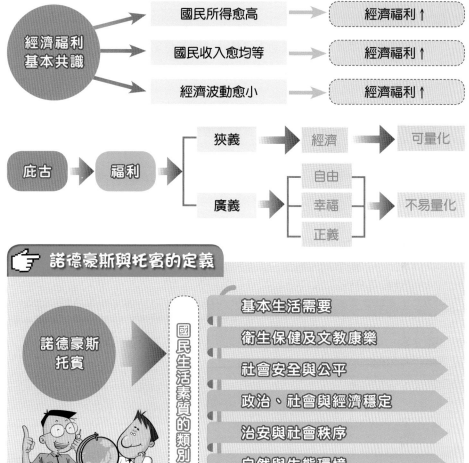

👉 諾德豪斯與托賓的定義

諾德豪斯托賓 → 國民生活素質的類別
- 基本生活需要
- 衛生保健及文教康樂
- 社會安全與公平
- 政治、社會與經濟穩定
- 治安與社會秩序
- 自然與生態環境

世界銀行 → 實質國民財富
- 人力資源
- 人造資產
- 自然資本

改善所得分配
- 改進租稅措施
- 改善政府支出

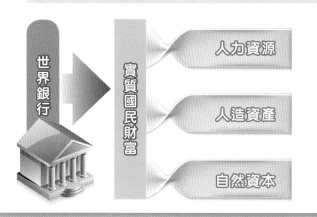

6-11 個人所得

　　個人所得如果是負成長，或是正成長，這些都會影響個人支出。政府的補貼政策，也會影響個人所得。

一、個人所得 (Personal income, PI)

(一) 個人所得意義

　　指家計部門在某一特定期間內，實際所獲得的全部收入。

(二) 個人所得計算公式

> 個人所得＝國民所得－（營利事業所得稅＋公司未分配盈餘＋社會保險費）
> ＋移轉性支付個人所得

二、個人所得分配種類

(一) 個人所得分配

　　按個人所得分成不同的級距，來觀察所得分配的狀況。

(二) 功能性所得分配

　　按各生產要素生產的貢獻，所獲得的報酬，則稱為功能性所得分配。譬如，提供勞動力的生產要素，可得工資；提供資本的生產要素，可得利息；提供土地的生產要素，可得地租；提供企業家精神的，可得利潤。透過功能性所得分配，可了解所得分配的狀態。

三、個人可支配所得

> 個人可支配所得＝個人所得－直接稅

四、平均每人實質 GDP

　　平均每人實質 GDP，是指人民的平均所得；其計算公式，是以一國實質GDP，除以人口數，所得的數字，代表國內平均每人所得。

$$平均每人實質\ GDP = \frac{實質\ GDP}{當年人口數}$$

五、個人所得分配不均的原因

1. 個人所擁有的資本不同。
2. 個人謀生技能高低不同。
3. 個人年齡不同。
4. 個人機運不同。
5. 教育程度的高低。
6. 種族、性別或宗教的歧視。
7. 個人勤惰習慣不同。
8. 利益團體的存在。

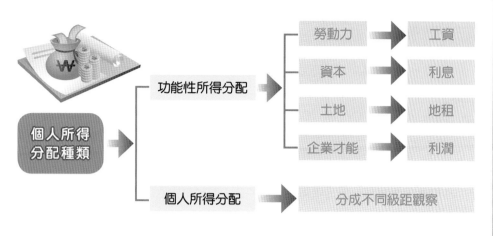

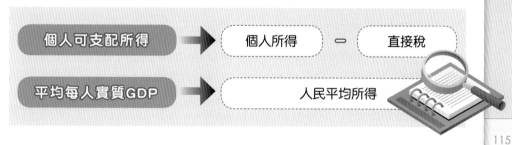

個人所得分配不均原因

機運不同

年齡不同

能力不同

個人勤惰
習慣不同

資本不同

種族、宗教、
性別歧視

教育程度
不同

利益團體的
存在

6-12 所得分配

　　所得分配、貧富差距，是古今中外都關心的議題。近年來國內貧富差距擴大，所得分配惡化，值得社會更加的關注。

一、所得總額

　　指家庭成員從各種不同來源，收受的所得總和。基本所得與財產所得淨額 (財產收入減財產支出)，併稱為要素所得。

(一) 基本所得：提供勞力獲得的受僱報酬，以及經營家庭事業獲取的產業所得。

(二) 財產所得淨額：包含運用財產的收入 (如利息收入、股息及紅利等)，並扣除利息支出。

二、所得分配

　　測度家庭所得分配的指標，主要有三種：一是「家庭可支配所得」，二是「5 等分差距倍數」，三是「吉尼係數 (Gini's concentration coefficient)」。

(一) 家庭可支配所得：包含薪資所得、產業主所得、財產所得淨額 (如租金、利息、股息及紅利等)、自用住宅及其他營建物設算租金、來自政府的福利補助津貼，及來自私人的捐贈等，移轉收入淨額。

(二) 5 等分差距倍數：5 等分差距倍數為國內，最常用的指標。它是將全體家庭所得，由小到大排列後，所得最高 20%者，與所得最低 20%者之比值，數字愈大表示所得分配愈不平均。此種方法因忽略中間家庭所得分配的狀況，例如 5 等分位所得差距倍數，僅觀察最高 20%家庭與最低 20%家庭的差異，而忽略掉中間 60%家庭的所得變化。5 等分差距倍數＝最高 20% 家庭所得／最低 20% 家庭所得。

(三)「吉尼係數」：為國際間最常用之指標。「吉尼係數」數值愈大，所得分配愈不均。

三、所得分配惡化的原因

　　1.全球化：隨著全球化專業分工，高技術專業者受益，低技術勞工反而受害，產業移出國家之失業率上升，工資無法提高。2.知識經濟時代：技術人才與非技術人才的薪資差距，是所得惡化的主因，3.產業結構變遷：臺灣產業結構因高科技產業迅速發展，造就科技新貴。而傳統產業紛紛關廠或出走，使得工、農遭遇失業或減薪的命運。4.就業惡化：不景氣時，弱勢的勞動者，往往是最明顯的受害者。5.富人所得成長迅速，窮人所得成長緩慢。6.家庭結構改變：每戶所得易受戶量與人口組成 (如高齡人口多寡) 影響。7.稅制不公平。8.政策：藉獎勵投資、吸引資金流入以及提升企業競爭力之名，所實施的各種租稅減免，對所得分配的惡化難辭其咎。9.國際大環境：自 2009 年 1 月美國推出量化寬鬆政策 (QE) 後，在低利率的環境下，造成富者愈富、貧者愈貧。

基本所得

要素所得

財產所得淨額

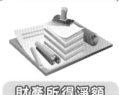

所得分配指標

家庭可支配所得

| 薪資 |
| 財產所得淨額 |
| 自用住宅、租金 |
| 政府福利補貼 |
| 產業主所得 |
| 私人捐贈 |

5 等分差距倍數　→　最高 20% 與最低 20% 的比

吉尼係數　→　係數愈高，所得分配愈不均

117

　所得分配惡化的原因

所得分配惡化的原因

- 全球化
- 知識經濟的時代
- 產業結構變遷
- 就業惡化
- 富人所得成長迅速
- 家庭結構改變
- 不公義的稅制
- 政策問題
- 國際大環境

緩解所得分配不均

經濟合作暨發展組織 (OECD) 在 2013 年 5 月 15 日,警告全球所面臨的經濟危機,其最大的受害者,可能就是最弱勢的族群。

一、所得分配不均的負面效果

諾貝爾經濟獎學得主史迪格里茲 (Joseph Stiglitz) 曾說:「我擔心成為惡性循環;不均的惡化會弱化經濟,更惡化的不均,會更弱化經濟。經濟不均進入政治經濟裡面,使經濟穩定更加困難。」

所得分配不均的負面效果如下:

1. 買不起房 (房價過高)。

2. 憂鬱及自殺率升高。

3. 國民勞動意願降低。

4. 社會動盪不安。

5. 經濟不穩定。

6. 政局動盪 (如歷史上的共產革命)。

二、政府責任

目前臺灣的貧富差距,已到了令人怵目驚心的地步。所得及財富分配的不均,使得富人享受奢華,窮人卻無立錐之地。為改善所得分配惡化,政府責無旁貸。

三、政府應有的政策措施

1. 政府可以採用更加公平的累進稅,將最富有人的財富,移轉到貧困人的福利。以避免 20% 的人口,可能擁有 90% 以上的財富。提高稅收對國民所得的比率,此舉將有助於減少舉債,及投入經濟建設。經由對資產擁有者累進重分配,來改變所得分配。

2. 提高薪資:經濟成長果實多數為廠商所得,勞工實質所得薪資並未上升,導致貧富差距過大。

3. 經濟部門應以產業結構調整,以創造就業機會。

4. 吸引國際資本與人才來臺投資。

5. 鼓勵企業任用擁有低收入資格的民眾。

6. 推動「工作家庭所得保障方案」。

7. 採行短期工作方案或部分失業給付。

8. 擴大照顧弱勢,健全社會安全網。

9. 檢討政策:政府過去對於廠商,過度的補貼政策和租稅減免,以及調降遺贈稅,富了極少數的人的政策,都該檢討。

所得分配不均的負面效果

朱門酒肉臭、路有餓死骨

- 買不起房（房價過高）
- 憂鬱及自殺率升高
- 社會動盪不安
- 經濟不穩定
- 政局動盪
- 國民勞動意願降低

改善所得分配惡化的責任

個人	家庭	學校	政府
強化職業技能；培養不怕苦、不怕難的精神	教育兒女	培養具職場能力的學生	

政府應有的政策措施

- 累進稅（富人稅）
- 檢討補貼與租稅政策
- 提高薪資
- 擴大照顧弱勢
- 創造就業機會
- 採行短期工作方案
- 吸引外來投資
- 推動「所得保障」方案
- 鼓勵企業任用低收入民眾

第 7 章
物價

7-1　消費者物價指數

7-2　通貨膨脹

7-3　通貨膨脹的壞處與解決

7-4　停滯性通貨膨脹

7-5　通貨緊縮

7-6　失業（一）

7-7　失業（二）

7-1 消費者物價指數

一、經濟痛苦指數 = 失業率 + 通貨膨脹率

二、物價指數：這是世界各國普遍編製的一種指數，主要在衡量一般家庭，購買消費性商品及服務，價格水準的變動情形。

三、「消費者物價指數 (Consumer price index, CPI)」編列單位

央行貨幣政策最關心的物價指數，就是核心物價指數。為了計算物價上漲率，各國政府都有專門的單位，我國是行政院主計總處。目前各國觀察通貨膨脹率，大抵參考 CPI。但 CPI 部分項目，易受短期或偶發事件 (如颱風、戰爭等) 因素干擾。中長期物價變動趨勢，就是要剔除這些干擾因素。

四、編列「消費者物價指數」目的：物價指數正是用來 1. 分析市場價格的動態變化；2. 衡量通貨膨脹的指標；3. 衡量通貨緊縮的指標；4. 政府制定物價政策的參考；5. 政府制定工資政策的依據。

五、「消費者物價指數」如何編列：定期地蒐集各種商品及勞務，相關的價格資料，然後根據每種商品或勞務的重要性，賦予不同的權重，來編製出「物價指數」。

六、「物價指數」分類

(一) 躉售物價指數 (Wholesale price index, WPI)：與廠商的關係較密切，主要是反映大宗物資，包括原料、中間產品及進出口產品的批發價格。

(二) 消費者物價指數：這是與消費者較密切相關的，它包括老百姓日常生活，有關的各種商品及勞務，零售的價格。

(三) 國民生產毛額平減指數 (GNP deflator)：以當年幣值計算的國民生產毛額，轉化成以固定價格計算之國民生產毛額，物價的指數。

七、「消費者物價指數」計算方式：就消費者的立場，衡量一籃固定財貨與勞務的價格，是與某個基期間的物價水準作比較。舉例來說，2014 年 7 月分的物價水準為 130.5，這意味該籃固定財貨與勞務的價格，高於基期 (2013 年 7 月) 水準達 30.5%。

八、影響物價因素：1. 供給面因素，例如勞動薪資、租金 (地租、房租)、利息成本、匯率及原材料成本等，由這些因素引起的物價變動，稱為成本推動 (Cost push)；2. 需求面因素，例如財富、所得、景氣、貨幣數量及預期心理等，由這些因素所引起的物價變動，則稱為需求拉動 (Demand pull)。3. 政府干預：傳統貨幣數量學說主張，一般物價是貨幣現象，長期間貨幣數量增加，會促使一般物價同比例上漲的效果。

九、物價變動：物價變動有可能產生三種結果，即 1. 不變；2. 通貨膨脹：物價普遍 (非個別)、持續 (非偶爾) 的上升；3. 通貨緊縮：物價普遍 (非個別)、持續 (非偶爾) 的下降。

消費者物價指數

- 央行貨幣政策最關心的指數
- 易受短期或偶發事件影響
- 中長期較穩定

123

分析市場價格的動態變化

消費者物價指數目的

政府制定工資政策依據

衡量通膨的指標

政府制定物價政策參考

衡量通縮的指標

消費者物價指數的分類

- 躉售物價指數
- 消費者物價指數
- 國民生產毛額平減指數

物價變動

- 不變
- 通膨
- 通縮

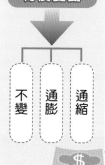

影響物價因素

供給面

政府干預

需求面

通貨膨脹

　　每當通貨膨脹嚴重時，家庭主婦的感受最深、也最苦！因為，本來「一分錢」，可以買到「一分貨」。但是在通貨膨脹時，可能僅買到「半分貨」。

一、通貨膨脹的特點

(一)「一般」物價：通貨膨脹是指一般物品和勞務價格上升的現象，個別一兩種或勞務價格的調高，並不算是通貨膨脹。

(二) 物價「持續」上升：例如在颱風過後，菜及魚類的價格通常都會急升，但這只是暫時性的，物價很快就會回穩，這種現象並不是通貨膨脹。

(三) 某些物品的價格可能下跌：一般物品的價格平均持續上升，通貨膨脹的現象便出現。

　　除上述特點之外，德國 80 年代央行主席保羅 (Karl Otto Pohl) 也曾說：「通貨膨脹就像牙膏，一旦它擠出了管子外，就難再收回去了。」這也是重大特點。

二、通貨膨脹種類

(一) 以內外區分：1. 內生的通貨膨脹：通貨膨脹的形成，是來自國內因素；2. 外來的通貨膨脹：通貨膨脹的形成，是源自國外因素。

(二) 以價格上漲比例區分：1. 純粹通貨膨脹：在通貨膨脹的場合中，所有商品及勞務的價格作同比例的上漲；2. 非純粹通貨膨脹：在通貨膨脹的場合中，並非所有商品及勞務的價格，皆作同比例的變動。

(三) 以物價上漲的速度區分：1. 溫和通貨膨脹：物價以溫和速度上漲；2. 惡性通貨膨脹：又稱為奔馳的通貨膨脹，指稱物價水準以極高速度上漲。

(四) 以處理方式區分：在通貨膨脹出現之後，可依政府處理通膨的政策區分為 1. 壓抑性通貨膨脹：藉人為力量，來壓制價格的上漲；2. 開放性通貨膨脹：只針對在通貨膨脹發生的原因，進行矯正，並不採取價格管制的措施。

三、通貨膨脹原因

1. 需求帶動。
2. 市場游資過多。
3. 成本推動。
4. 輸入性通膨。
5. 輸入性通膨。
6. 通膨預期心理：惜售、囤積、搶購。
7. 結構性通膨。

四、通貨膨脹計算方式

　　通貨膨脹率 = (本年的消費物價指數一上年度的消費物價指數) ／上年度物價指數) × 100%

通膨 ➤ 原來「一分錢」可買「一分貨」

現在「一分錢」僅買「半分貨」

通膨特點

「普通」物價

「持續」上升

政府處理通膨

壓抑性通膨

開放性通膨

通膨種類 ➤ 以內外區分 ➤ 內生通膨

外來通膨

以價格上漲比例區分 ➤ 非純粹通膨

純粹通膨

以價格上漲速度區分 ➤ 溫和通膨

惡性通膨

125

知識維他命

通膨原因

(一)「需求拉動的通貨膨脹」：總需求大於充分就業時的總供給，導致物價上漲。

(二)市場資金過多：當資金追逐相對稀少的商品及勞務時，就會造成物價上揚。諾貝爾獎得主弗利曼(Milton Friedman)曾說：「通貨膨脹是一種貨幣現象，總是無所不在。」簡言之，這就是過多貨幣，追逐過少商品的結果。

(三)「成本推動的通貨膨脹」：當生產要素的成本上漲，譬如工資，當工資、原料等投入成本的變動，透過生產反映在售價上，然後再影響到一般物價。

(四)「輸入性通貨膨脹」：貿易依存度高的國家，當進口物品價格的上揚，會直接衝擊消費品價格，或透過中間投入影響生產成本。

(五)「通貨膨脹預期心理」：當社會大眾普遍存有通貨膨脹預期心理時，會出現 1.惜售；2.囤積；3.搶購等投機現象，而使價格上漲劇烈。

(六)結構性通貨膨脹：經濟學家認為產業發展不平衡、基礎設施不足等。

　　1976 年諾貝爾經濟學獎得主弗利曼 (Milton Friedman, 1912-2006)，關鍵性的著作《選擇的自由》(Free to Choose) 一書，明確指出通膨的害處。他說：「通貨膨脹是一種病，一種危險，有時會致命的病。這種病如果不及時治療，將摧毀一個社會。一次世界大戰後的俄羅斯和德國，發生惡性通貨膨脹 (hyperinflation)。結果其中一個國家，走上共產主義，另一個國家走向納粹主義。二次世界大戰後，中國爆發惡性通貨膨脹，也因此結束國民黨大陸的政權。」

一、通貨膨脹的壞處

(一) **降低消費水準**：發生通貨膨脹時，日常必需品的價格普遍上揚，如果要維持原來的消費水準，開銷一定會加大，因此常使消費者降低消費水準。

(二) **打擊依賴固定收入者**：在經濟社會中，有許多人依賴固定收入而生活 (例如工人、軍公教人員、退休人員)。在通貨膨脹中，這些人的實質收入相對減少，不但影響其生活，也會導致社會不安定。

(三) **資源分配的扭曲**：生產性資源因錯誤的價格訊息，而使資源的分派，遭致嚴重的扭曲。人不再儲蓄，轉而爭相囤積貨品，或者是將錢投入購買房地產、黃金及外幣等投機性，或不具生產性的用途。

(四) **造成有資產的富者愈富，無資產的貧者愈貧。**

(五) **帶來經濟及社會的不穩定**：經濟成長須建立在穩定的環境基礎，而通貨膨脹將破壞穩定的根基，不僅導致經濟衰退，更使社會面臨嚴重的動盪與不安。

(六) **政治、社會的不安。**

(七) **影響國際收支**：對進口有利，出口不利，易造成貿易逆差。

二、解決通膨策略

(一) **漸進策略**：循序漸進地採行，抑制總合需求持續擴張的政策，使貨幣成長率、通貨膨脹率逐步下降。

(二)**「冷火雞」策略**：使貨幣成長率、通貨膨脹率，迅速且大幅度的減少，使總合需求急速冷卻。

(三) **切斷預期心理**：切斷一般大眾的通貨膨脹預期心理，以恢復市場機能。

(四) **管制**：直接管制工資與物價，或者提供誘因去限制工資與物價的上漲。

(五) **提高利率**：央行把利率提高，就能把市場過多的資金，集中至銀行 (銀行利率高，民眾願意把錢存銀行)，相對企業來說，能夠減少不必要的投資 (銀行利率高，企業的借貸成本提高，可減少不必要的投資)。

(六) **提高稅率。**

(七) **減少政府開支。**

(八) **賣出公債**：央行進行市場資金調節，賣出公債，把市場過多的資金，收回到國庫，使過熱的經濟降溫。

通膨壞處

貧者愈貧、
富者愈富

資源分配
扭曲

打擊依賴
固定收入者

影響
國際收支

降低
消費水準

政局動盪

經濟與社會
不穩定

 解決通膨策略

解決通膨策略

漸進策略

「冷火雞」策略

切斷預期心理

管制

提高利率

貨幣升值（降低輸入型通膨的威脅）

提高稅率

減少政府開支

賣出公債

停滯性通貨膨脹

「停滯性通貨膨脹」比一般通膨更可怕，而且也更難處理。因為既要處理「停滯」，又要處理「通膨」，因此是兩面作戰。

一、「停滯性通貨膨脹」意義

所得成長停滯，而物價卻持續上漲 (發生通貨膨脹) 的經濟現象。根據主計總處解釋，停滯性通膨指「產出下降、物價上揚並存的現象……，亦有稱物價與失業率同時上升的現象」。

二、「停滯性通貨膨脹」的原因

(一) 預期心理因素

政府為抑制通貨膨脹而採緊縮貨幣政策，但社會大眾已事先預期通貨膨脹會持續下去，因此將通貨膨脹因素反映在公司未來成本上，而造成物價上揚。

(二) 供給面引發的震撼

譬如石油危機造成石油價格上漲，廠商無法立即反應其成本，在高成本的壓力下難以生存，失業率因此而提高。

三、「停滯性通貨膨脹」案例

原本景氣成長低迷，和通貨膨脹這兩個現象，是不可能並存。1973 年爆發第一次石油危機，是因以阿戰爭所引發的石油禁運，導致為期二年的通貨膨脹，也造成 1974 年與 1975 年全球經濟陷入衰退。當時 (1974 年) 臺灣通貨膨脹率高達 47%，經濟成長大幅降至 1.1%，為停滯性通膨一個實例。

四、解決「停滯性通貨膨脹」策略

(一) **戰略方向，先抑制通膨**：停滯性通膨使得央行決策面臨兩難，到底是先降息以支撐經濟，還是升息以抑制通膨。因為通貨膨脹，會造成相當大的社會成本和負面效應，如 Unit 7-2 所言。所以政府在處理時，應先處理通膨。

(二) **增加總供給**：美國經濟學家拉弗 (Laffer) 提出「供給面經濟學 (Supply-side economics)」，建議從增加總供給著手，使用一切可能的政經手段，增加總供給。這樣在既定的需求下，則物價會下降，產出卻會增加，經濟也不會停滯。

(三) **緊縮貨幣政策**：政府採取大幅緊縮貨幣政策，以改變社會大眾對通貨膨脹的預期，進而使物價和工資快速調整向下，讓惡性的通貨膨脹不要發生。

(四) **鼓勵出口**：當對外出口增加時，可以增加國民所得，並解決生產停滯的問題。

(五) **貨幣升值**：本國貨幣的升值，可以適度的降低國外進口的物價成本，對通貨膨脹有相當的抑制效果。

(六) **增強技職教育**：增強技職教育，可以增加生產力的提升與技術進步，使社會總供給增加。

停滯性通膨難處理原因 → 停滯 / 通膨

 停滯性通膨原因

預期心理	供給面的問題

先處理通膨

解決
「停滯性通膨」策略

增強技職教育

增加總供給

貨幣升值

鼓勵出口

緊縮貨幣政策

7-5 通貨緊縮

一、通貨緊縮的特點：通貨緊縮就是物價，全面、長期持續的下降。根據過去國際貨幣基金會 (IMF) 的定義，連續二年消費者物價下跌，即可視為通貨緊縮；美國諾貝爾經濟學獎得主薩繆森 (Paul Samuelson) 則認為，消費者物價連續下跌兩季以上，就形成所謂的通貨緊縮。

二、通貨緊縮的原因：導致通貨緊縮的癥結，一定是經濟結構上，有某些部分無法調整。因為通貨緊縮只是經濟問題的現象、症狀，而非病因。形成病因可能是生產過剩、需求不足，而表現於產品價格下跌，原物料價格下跌、利率下跌，實質工資成長減少或甚至為負。

(一) 需求不足型通貨緊縮：是指由於總需求不足，使得正常的供給，顯得相對過剩，而出現的通貨緊縮。

(二) 供給過剩型通貨緊縮：由於技術進步和生產效率的提高，在一定時期產品數量的絕對過剩，而引起的通貨緊縮。

(三) 緊縮性貨幣政策：會促使物價下跌，長期則造成生產萎縮。

三、通貨緊縮的壞處：通縮會使大家對物價，有愈來愈便宜的預期，因此會遞延消費。廠商也不願急著買新機器進行投資，或僱用新員工，這就會造成許多人沒有工作，而嚴重影響經濟、社會。

(一) 降低企業利潤：若消費者形成通貨緊縮預期，則可能出現延遲消費支出，此將加深商品需求不振的問題，同時造成市場殺價競爭，加速企業淘汰。

(二) 加重債務負擔：通貨緊縮增加企業債務人，實質的利息負擔。因為當初借的錢，到了要還的時候，本利加總會比當初借的時候還要高，這使得貸款人的債務變重。

(三) 家庭收入減少：企業被淘汰時，失業使家庭收入減少，亦減縮消費支出。

(四) 失業與物價下跌惡性循環。

四、解決「通縮」策略

(一) 採取恢復信心的措施：解決通貨緊縮的第一步，就是「恢復信心」。當人民相信未來是有希望的，再配合適當的政策，消費者就會願意消費，企業也會投資。如果人民對未來不抱希望，消費者就會努力儲蓄，以應付未來可能的危機。

(二) 調降利率：央行採取調降利率以刺激景氣，鼓勵消費，並使企業的借貸成本下降，以增加企業的投資意願。

(三) 降低稅率。

(四) 貶值：採用貶值策略，以使出口品的國際價格下跌，而刺激出口競爭力，創造國外的需求，以彌補內需不振的事實。

(五) 政府改善投資環境。

(六) 持續擴大公共建設，增加購買支出。

(七) 參考安倍三支箭：貨幣寬鬆政策、擴大政府財政投資、促進民間投資。

諾貝爾經濟學獎得主薩繆森（Samuelson） ▶ 物價連跌兩季以上 ▶ 通縮

通縮
是病狀
非病因

通縮種類
→ 需求不足
→ 供給過剩
→ 緊縮性貨幣政策

降低企業利潤

失業與物價下跌惡性循環

加重債務負擔

通縮的壞處

家庭收入減少

解決通縮策略
→
採取恢復信心措施
調降利率
降低稅率
貶值

改善投資環境
擴大公共建設
參考「安倍三支箭」

7-6 失業 (一)

　　人力資源供給過剩，就會產生失業問題，或就業不足問題。失業不僅是個人問題，也是整個社會的問題。

一、「失業」的定義

　　指某一個國家，在某一特定的期間內，凡在一定年齡範圍內，有能力工作、有意願工作，卻沒有工作且正在謀職的人。行政院主計總處對「失業」則定義為整個社會的勞動人口，指的是十五歲以上適合工作的人口，目前卻無工作可做。必須排除無法工作或無工作意願的人口、服役中的軍人、在監獄服刑的人以及在學的學生。勞動人口中，也包含了自願性失業的人。

二、「失業」的衡量

　　衡量經濟中失業的狀況，最基本指標是失業率。

$$失業率＝（失業人口／勞動人口）×100\%$$

三、失業種類

　　凱因斯對失業的區分：1. 自願性 (Voluntary) 失業：如某人覺得目前的工資太低，暫時待在家等經濟好轉；2. 非自願性 (Involuntary) 失業：指在現行工資率，有工作能力，且有工作意願，但卻找不到工作所造成的失業。

四、失業的原因

(一) 摩擦性失業：勞動力離開上一個工作，因為某些原因，還沒有開始下一個工作，中間過度的狀態。

(二) 結構性失業：指產業結構改變，使勞工依原有技能無法找到工作。更嚴重者，因產業結構改變而失業的勞工一旦失去工作，可能就是永久性失業。

(三) 循環性失業：因為景氣變動所造成的失業，當經濟處於衰退和蕭條的階段時，因供過於求，所以廠商減少產出，減少對生產要素的需求。當景氣恢復時，又會僱用原先的生產要素。

(四) 季節性失業 (Seasonal unemployment)：由於季節性的變化，而引起的失業現象。失業是因生產具有淡季及旺季之分，因而造成的失業現象。

(五) 隱藏性失業：高階低用的現象，隱含的是生產力無法完全發揮，以致產值降低。隱藏性失業常見於農業與服務業，其特徵是 1. 工作時間不足；或 2. 工作時間足而效率不足；或 3. 時間與效率俱足，但給付偏低。

(六) 技術性失業 (Technological unemployment)：因產業技術的改良，與生產設備的更新所致，因此技術較差，或設備陳舊的企業，遭到停工或倒閉時，其所不用的勞力，與新設企業所需勞動力之間因技能上的差異，即便在企業內調整仍產生過剩的勞動力，使非技術性或較劣勞工的需要削減，在彼等尚未訓練成技術工或技術較優之前，失業現象無法避免。

失業 → 個人 / 社會 → 問題

失業定義

有能力
有意願
→ 在「一定時間」內，找不到工作

服役
服刑
學生

行政院主計總處 → 15 歲以上卻無工作 → 須排除

失業種類

自願性失業　　　非自願性失業

失業原因

摩擦性失業 → 從一個工作換另一個工作，中間的空檔

結構性失業 → 產業結構改變 (農業→工業)

循環性失業 → 因經濟循環產生

季節性失業 → 淡季，如採茶

隱藏性失業 → 工作時間不足
效率不足
給付率偏低

技術性失業 → 技術不足遭淘汰

7-7 失業 (二)

　　金融海嘯影響,全球景氣嚴重受挫,臺灣的失業率,就一直高不下,如何挽救失業,是社會共同面對的議題。

一、歐肯法則 (Okun's law)

　　曾任甘迺迪總統經濟顧問的歐肯 (Arthur Okun),發現失業率每升高一個百分點,將使經濟成長下滑兩個百分點,後來的經濟學家,即稱此為歐肯法則 (Okun's law)。換言之,失業率與產出關係,呈反向關係。惟近來經濟成長後,並未明顯帶動失業率下降。

二、失業成本

(一) **經濟成本**:個人因失業而喪失所得,把每個人所喪失所得加總,即為整個社會的總經濟成本。

(二) **非經濟成本**:因所得的喪失,而導致家庭關係的破裂,吸毒、犯罪的興起,人際關係、尊嚴等的淪喪。

三、失業的影響

　　經濟嚴重衰退,勞工長期失業會不會被視為已不能僱用,就像沒有人購買的瑕疵品。對失業者而言,長期失業大增當然不幸,然而它可能也是更廣泛的經濟災難。

(一) **經濟面**:所得減少,造成購買力降低,社會總需求減少,加重經濟衰退。

(二) **非經濟面**:心理上的影響,造成社會問題或是社會運動。譬如中東的「茉莉花革命」,使得突尼西亞、葉門、埃及政權轉換,甚至爆發軍事衝突。

四、政府對抗失業的策略

　　失業會帶給個人、社會及國家有形損失及無形損失,故須想辦法來加以克服,而其採用的對策一般有經濟政策、社會政策,以及其他政策等。

(一) **總需求政策**:若民間消費需求不足,則以增加政府採購或降低稅負,以彌補民間需求的不足。不過,若因此造成通貨膨脹,即需採緊縮經濟政策,此時則需要總供給政策,來解決失業的問題。

(二) **總供給政策**:政策的設計較為困難,譬如 1980 年代雷根政府的降低邊際稅率,不過私部門除了須因應這些政策外,還須引進新產品與服務,同時必須有效地供應這些產品。

(三) **加強就業資訊**正確、迅速及廣泛流通。

(四) **職業訓練和就業輔導**:為缺乏適當技能的失業人口,辦理適合就業媒合。

(五) **積極建構社會安全網**,以維持失業者的基本生活,如短期失業救濟金。

(六) **公共政策誘導產業轉型升級**,並創造新的就業機會。

歐肯法則

失業率每升 1%

經濟成長降 2%

失業成本

經濟成本

非經濟成本

失業的影響

經濟面 → 購買力↓

社會總需求↓

非經濟面 → 突尼西亞、葉門、埃及政權垮臺（茉莉花革命）

社會不安

135

政府對抗失業策略

總需求改變

總供給改變

加強就業資訊傳播與媒合

職業訓練與就業輔導

建構社會安全網

誘導產業升級，創造新的就業機會

第 8 章
景氣波動與政府功能

8-1 景氣循環意義與原因

8-2 景氣循環分類

8-3 衡量景氣變化的指標

8-4 景氣衰退

8-5 經濟預測

8-6 政府支出

8-7 政府的財政政策

8-8 政府的財政收入

8-9 中央銀行貨幣政策

8-10 貨幣

8-11 貨幣供需

8-1 景氣循環意義與原因

一、「景氣循環」意義

　　景氣是指一國，在某一時期經濟活動的頻率，也就是經濟活動盛衰的狀況。景氣循環 (Business cycle) 又稱經濟循環，它是指長期經濟發展過程中，經濟活絡時期與低迷時期，所呈現擴張或緊縮的現象。

二、「一」個「景氣循環」意義

　　從景氣谷底 (或高峰)，到下一個谷底 (或高峰)，稱為一個景氣循環。

三、「景氣循環」階段

(一) **兩階段論**：1. 擴張期；2. 收縮期。

(二) **四階段論 (主流看法)**：1. 復甦期；2. 繁榮期；3. 衰退期；4. 蕭條期。

(二) **六階段論**：1. 谷底期；2. 復甦期；3. 成長期；4. 高原期；5. 衰退期；6. 蕭條期。

四、「景氣循環」階段特徵

(一) **復甦期**：樂觀氣氛逐漸產生；企業家的利潤增加；投資活動增加，利率水準回升；失業率下跌；物價上升。

(二) **繁榮期**：投資活動盛行；資金需求殷切；利率上升；總需求提升、物價上升；產出與就業水準提升。

(三) **衰退期**：投資行為減緩；生產萎縮；金融體系活力減緩，甚至出現金融風暴；企業家利潤減緩；物價不再上漲；資本需求減少。

(四) **蕭條期**：充斥極端悲觀的訊息與氣氛；大量失業人口；物價水準偏低；投資生產活動幾乎停止；閒置資金、設備增加；利率下跌。

五、「景氣循環」原因

(一) **外在原因**：外來的干擾，而影響到經濟體系，譬如 911 恐怖攻擊活動，雖然發生在美國，但也影響到我國經濟。此外，如戰爭、政爭、天災、創新技術。

(二) **內在原因**：來自於經濟體系內的干擾，包括 1. 消費不足；2. 投資過度；3. 政府政策；4. 乘數原理。此外，譬如，黑心油風暴。

(三) **熊彼得的創新理論**：其邏輯是創新→模仿→投資→社會繁榮。當創新停頓，即造成蕭條。

(四) **薩繆森的乘數理論**

　　1. 乘數理論：投資的增加，會引起所得倍數成長。

　　2. 加速原理：所得增加，會增加投資增加，而引起景氣波動。

六、反「景氣循環」的財政政策

　　藉著政府的收入與支出的調整，來影響有效總和需求，以達成維持物價穩定或充分就業，即被稱為反景氣循環。

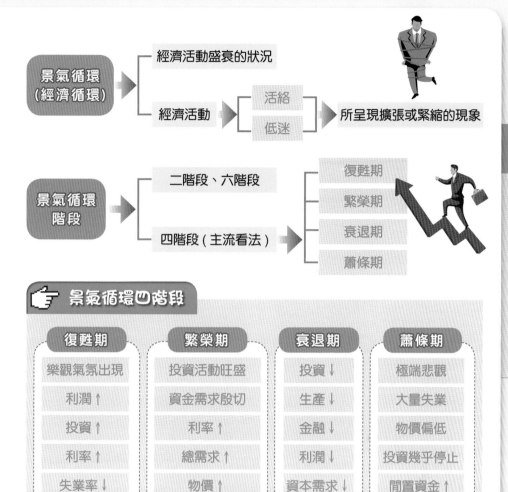

景氣循環（經濟循環）
→ 經濟活動盛衰的狀況
→ 經濟活動 → 活絡／低迷 → 所呈現擴張或緊縮的現象

景氣循環階段
→ 二階段、六階段
→ 四階段（主流看法）→ 復甦期／繁榮期／衰退期／蕭條期

👉 景氣循環四階段

復甦期	繁榮期	衰退期	蕭條期
樂觀氣氛出現	投資活動旺盛	投資↓	極端悲觀
利潤↑	資金需求殷切	生產↓	大量失業
投資↑	利率↑	金融↓	物價偏低
利率↑	總需求↑	利潤↓	投資幾乎停止
失業率↓	物價↑	資本需求↓	閒置資金↑
物價↑	產出與就業水準↑		利率↓

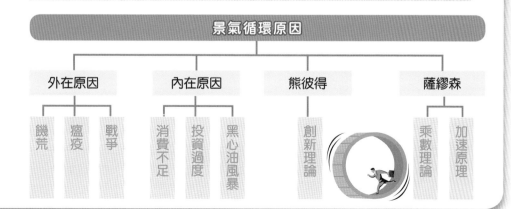

景氣循環原因

外在原因：饑荒／瘟疫／戰爭

內在原因：消費不足／投資過度／黑心油風暴

熊彼得：創新理論

薩繆森：乘數理論／加速原理

8-2 景氣循環分類

一、「景氣循環」表

景氣也有週期，就像四季有春、夏、秋、冬一樣，會循環更替。

按發現人分	按期間分	按觀察對象分	循環週期	影響因素
Kitchin 循環	短期波動	存貨循環	3-4 年	生產、銷售、庫存調整
Juglar 循環	中期波動	設備投資循環	10 年	設備投資、技術革新、生產力變動等
Kuznets 循環	中長期波動	建築循環	17-18 年	房屋使用年限、住宅需求、都市化等
Kondratieff 循環	長期波動	技術創新循環	50-60 年	人口成長、新資源開發、資本累積、戰爭等

二、「景氣循環」分類

(一) 古典循環 (Classic cycle)

指總體經濟活動水準值的上升或下降，如美國採用此定義 (如：GDP 連續 2 季下降，即是經濟衰退)。

(二) 成長循環 (Growth cycle)

指總體經濟活動，去除長期趨勢後之成長快慢，如臺灣及 OECD 目前係以成長循環為主。

三、衡量景氣循環指標

衡量景氣好壞的指標，投資人→股票；社會大眾→工作機會；上班族→薪資；企業家→利潤。

(一) 單一經濟指標

如 OECD 國家以 GDP 或工業生產指數，作為基準循環的指標。

(二) 多種經濟指標

我國景氣循環八項經濟指標，即 1. 實質 GDP(季)；2. 工業生產指數；3. 出口量指數；4. 進口量指數；5. 實質製造業銷售值；6. 實質票據交換金額；7. 非農業部門就業人數；8. 失業率。

四、「景氣循環」與投資

景氣循環階段	復甦	繁榮	衰退	蕭條
股票市場	加碼	持有或減碼	減碼或賣出	逢低買進
公債	減碼	逢低買進	加碼	逢高賣出
高收益債券	加碼	持有或減碼	減碼或賣出	逢低買進

「景氣循環」分類

古典循環

成長循環

「景氣循環」指標

投資人→股票漲跌

社會大眾→工作機會變多或變少

上班族→薪資

企業家→利潤

我國「景氣循環」經濟指標

進口量指數

出口量指數

工業生產指數

非農業部門就業人數

實質GDP

實質票據交換金額

實質製造業銷售值

失業率

141

景氣循環四階段

復甦

高收益債→加碼

公債→減碼

股票→買進

繁榮

高收益債→持有或減碼

公債→買進

股票→持有或減碼

衰退

高收益債→減碼

公債→加碼

股票→減碼或賣出

蕭條

高收益債→逢低買進

公債→逢高賣出

股票→逢低買進

衡量景氣變化的指標

景氣變化可從領先指標、同時指標及落後指標來了解，分述如下：

一、領先指標 (Leading index)

具有預測未來景氣變動的功能，當領先指標抵達高峰 (或谷底) 時，則可預期一段時間後，景氣亦將達高峰 (或谷底)。目前經建會所編製的領先指標，是由七項指標所構成。

1. 外銷訂單指數。　　　　　　2. 實質貨幣總量。
3. 股價指數。　　　　　　　　4. 製造業存貨量指數 (取倒數)。
5. 工業及服務業加班工時。　　6. 核發建照面積 (住宅、商辦、工業倉儲)。
7. SEMI 接單出貨比。

二、同時指標 (Coincident index)

具有同步反映當前景氣變動方向，與幅度的功能。當同時指標抵達高峰 (或谷底)，表示景氣同時抵達高峰 (或谷底)。目前經建會所編製的同時指標，是由七項指標所構成。

1. 工業生產指數。　　　　　　2. (企業) 總用電量。
3. 製造業銷售量指數。　　　　4. 批發零售及餐飲業營業額指數。
5. 非農業部門就業人數。　　　6. 實質海關出口值。
7. 實質機械及電機設備進口值。

三、落後指標 (Lagging index)

可用在事後驗證過去的景氣變化。目前經建會編製的落後指標，由六項指標所構成。

1. 失業率。
2. 工業及服務業經常性受僱員工人數。
3. 製造業單位產出勞動成本指數。
4. 金融業隔夜拆款利率。
5. 全體貨幣機構放款與投資。
6. 製造業存貨率。

四、景氣對策信號

景氣對策信號係以類似交通號誌，五種不同信號燈，表示目前景氣狀況，其中「綠燈」表示景氣穩定、「紅燈」表示景氣熱絡、「藍燈」表示景氣低迷，至於「黃紅燈」及「黃藍燈」二者均為注意性燈號，宜密切觀察景氣是否轉向。

目前經建會編製之對策信號由九項構成項目組成，分別為貨幣總計數 M1B、直接及間接金融、股價指數、工業生產指數、非農業部門就業人數、海關出口值、機械及電機設備進口值、製造業銷售值、批發零售及餐飲業營業額指數。

了解景氣變化指標

外銷訂單指數 ➡ **領先指標** ⬅ 製造業存貨量指數

實質貨幣總量 ➡ ⬅ 加班工時

股價指數 ➡ ⬅ 核發建照面積

接單出貨比

工業生產指數 ➡ **同時指標** ⬅ 非農業部門就業人數

總用電量 ➡ ⬅ 實質海關出口值

製造業銷售量指數 ➡ ⬅ 儀器設備進口值

批發零售及餐飲業營業額指數

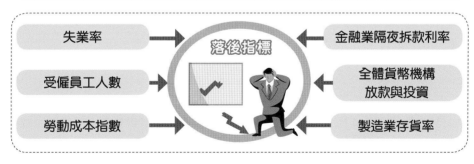

失業率 ➡ **落後指標** ⬅ 金融業隔夜拆款利率

受僱員工人數 ➡ ⬅ 全體貨幣機構放款與投資

勞動成本指數 ➡ ⬅ 製造業存貨率

景氣對策 信號燈 ➡

綠燈	紅燈	藍燈	黃紅燈	黃藍燈
景氣穩定	景氣熱絡	景氣低迷		

8-4 景氣衰退

一、3D 研判法

景氣衰退可由三個構面分析，即 1. 衰退深度 (Depth)；2. 持續期間 (Duration)；3. 擴散程度 (Diffusion)。

二、經濟衰退的原因

1. 全球化連動影響 (如亞洲金融風暴、全球金融海嘯、歐債風暴)；2. 進出口大幅萎縮；3. 民間投資低迷；4. 產業競爭力不足；5. 政府經濟政策失當。

三、經濟衰退的分類

(一) 經濟體系內因素

如投資、存貨、人口變動等。

(二) 經濟體系外因素 (或稱為非經濟因素)

如氣候、戰爭、政治等。

四、改變景氣衰退

(一) 景氣自動調整因素。

(二) 財政政策

當景氣低迷的時候，政府可採取擴張性的財政政策，包括：1. 增加政府支出→直接使總需求增加；2. 減稅→民眾稅後所得增加，會增加消費的意願，企業也有較多的稅後盈餘可投資。

但是財政政策的效果，一般相對較慢，即 1. 認知落後：政府對景氣變化的反應和認定通常慢於市場。2. 決策的落後：政府的財政支出，必須先要經過立法部門的同意。3. 執行的落後：由於是公家機構，政府支出的執行效率通常不高。

(三) 貨幣政策

增加貨幣供給，使利率下降，以刺激投資和消費。美國推出量化寬鬆貨幣政策 (QE)，來對抗景氣衰退，就是最具體的說明。

五、對抗經濟衰退

(一) 政府

1. 改善投資環境；2. 促進民間投資；3. 寬鬆貨幣政策；4. 創造就業機會方案；5. 促進觀光旅遊產業發展；6. 減稅；7. 舉債擴大公共支出。

除上述的七項方案外，政府可通過財政撥款興修水利、進行基礎設施等工程、項目的投資，從而創造大量的就業機會，緩解失業壓力。

(二) 企業

1. 加強研發、提升產業競爭力；2. 以創新打敗不景氣；3. 開發新市場、新客戶；4. 全球出口拓銷。

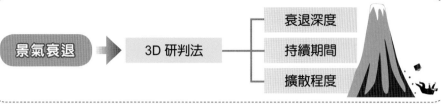

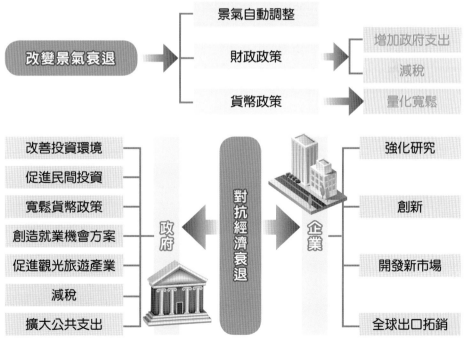

經濟預測

2008 年諾貝爾經濟學獎得主 Paul Krugman，指出「雖然有極少數的經濟學者看出當前經濟危機的來臨，但大多數的預測均告失敗；更重要的是，經濟學者對市場經濟可能發生災難性的崩潰，一無所知」。臺灣是小型開放經濟體，國際經濟情勢的波動，易對臺灣造成巨大影響。如果經濟預測失當，更易使我國的經濟，受到嚴重的衝擊。

一、經濟預測的意義

經濟預測是指利用有關的資訊，包括質的情報與量的資料，就某未來的經濟現象，所作的一種邏輯性研判。

二、經濟預測的功能

回顧全球的經濟發展，我們究竟忽略了哪些早該知道的事？其實經濟預測可以幫助政府，進行較正確的經濟決策。所以經濟預測真的非常重要，否則擬定政策的依據何在？因此經濟預測扮演三項重要的功能：1. 提供政府擬定經濟政策參考；2. 作為政府年度預算依據；3. 提供民間企業投資的參考。

三、經濟預測的週期

2013 年諾貝爾經濟學獎，頒布時的新聞稿，特別指出「人們無法預測未來數天，或數週的股票和債券價格，但很可能可以預測較長時期、例如未來三到五年的價格走勢」。所以愈短的週期，預測困難度很高。

目前經濟預測的週期類型，包括 1. 日或週的預測；2. 月或季的預測；3. 年或年度的預測；4. 兩年以上中長期的預測。

四、經濟預測的方法

1. 指標預測法；2. 計量模型預測法。

五、經濟預測的重心

1. 抓住經濟走向；2. 計量。

六、經濟預測的要件

合理的經濟預測，必須有五個要件，即 1. 假設條件；2. 資料來源；.3 預測工具或方法；4. 預測分析；5. 預測判斷。

七、經濟預測的工具

影響總體經濟的變數，非常的多，因此不是採單一的經濟理論來進行，而是融合各派學說，應將所有可能影響的因素，都考慮進來。誰能做經濟預測的諸葛亮？就必須搭配經濟預測的工具，才能事倍功半。一般較常使用的經濟預測，基本工具與方法有八種，即 1. 簡單平均法；2. 統計推估；3. 迴歸分析；4. 產業關聯分析；5. 計量經濟模型；6. 時間數列分析；7. 指標預測法；8. 實地調查法。

經濟預測 → [質的情報 / 量的資料] → 研判未來經濟變化

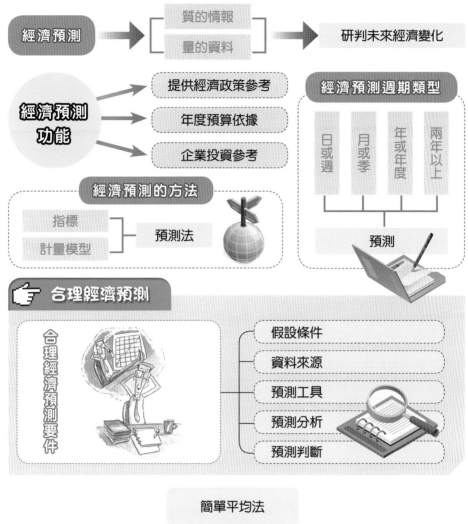

經濟預測功能
- 提供經濟政策參考
- 年度預算依據
- 企業投資參考

經濟預測週期類型

| 日或週 | 月或季 | 年或年度 | 兩年以上 |

預測

經濟預測的方法

指標 / 計量模型 — 預測法

合理經濟預測

合理經濟預測要件
- 假設條件
- 資料來源
- 預測工具
- 預測分析
- 預測判斷

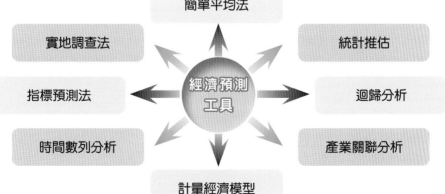

簡單平均法

實地調查法

統計推估

指標預測法

經濟預測工具

迴歸分析

時間數列分析

產業關聯分析

計量經濟模型

政府支出

美國 1930 年代羅斯福總統所推動的「新政」(New Deal)，我國 1970 年代在蔣經國先生擔任行政院長時，所推動的「十大建設」等，皆是歷史上，以擴大政府支出，來帶動經濟成長的政策方案。

一、政府支出 (Government spending)

各級政府支出由兩部分組成，一部分是政府購買，另一部分是轉移性支出。

(一) 政府購買性支出：購買性支出，是指政府以購買者的身分，在市場上，採購所需的商品和勞務，用於滿足社會公共需要，譬如政府花錢修建道路、提供國防、開辦學校等。對市場運行而言，購買性支出對消費和生產，具有直接的影響，可廣泛用於調節各項經濟活動，而且此部分納入國內生產總值 (GDP)。

(二) 轉移性支出：預算資金單方面無償轉移支出，如貧戶救濟、財政補貼、公債利息等。轉移性支出的重點，在於體現社會公平對市場經濟運行的影響是間接的，這一部分不計入 GDP。

二、政府支出種類

1. 消費性支出 (例如公務員薪資)；2. 投資性支出 (如建造公路)；3. 轉移性支出 (如貧戶救濟)；4. 債務利息。

三、政府支出的效果

在經濟發展的初始階段，政府公共投資確實可能促成，快速的經濟成長。但是接近經濟成長的「穩定狀態」時，同樣的政府公共投資，卻可能只產生有限或相對較低的經濟效果。

四、乘數效果 (Multiplier effect)

凱因斯學派的總體理論，強調政府支出，會有 5 倍的乘數效果。其建構的基礎，必須是全數的消費對象都是國內。如果購買的物品，很多都是進口貨，效應會流到國外去。以中華民國為例，由於進出口的貿易依賴度，在全球數一數二，所以實施擴大政府支出的乘數效果，是很低的。

五、排擠效果 (Crowding-out effect)

政府發行公債或向銀行融通，會產生與民間彼此競爭追求，有限可貸的資金，因此會造成利率上漲，這對私人投資會發生排擠效果，並降低私人投資意願。依照排擠程度的大小，可分為：1. 完全無排擠效果：政府增加支出時，利率水準維持不變，民間消費與投資，都不會減少；2. 完全排擠效果：政府支出增加，引起利率上升，完全排擠等額的民間部門支出，最後所得水準不變；3. 部分排擠效果：政府支出增加，引起利率上升，排擠部分民間支出，最後所得水準仍會增加。

六、政府負債不宜過重

不應長期依賴政府財政赤字政策，因為當政府負債餘額增高，債台高築，甚至陷入以債養債時，將造成貶值、通貨膨脹，此時全民都是共同的受害者。

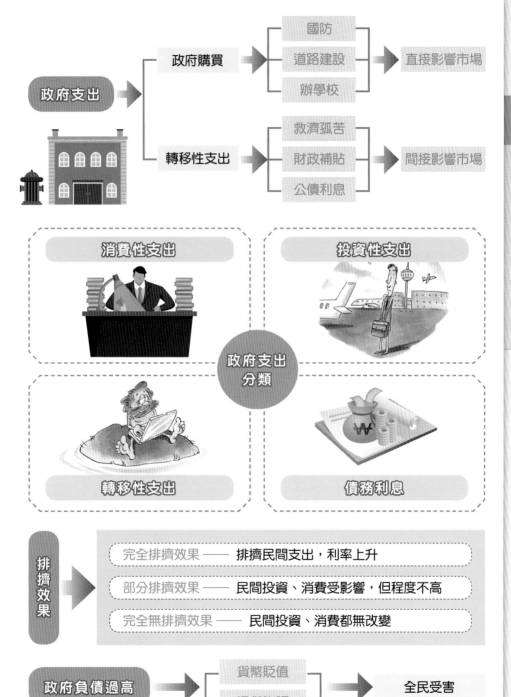

政府支出

政府購買 → 國防／道路建設／辦學校 → 直接影響市場

轉移性支出 → 救濟孤苦／財政補貼／公債利息 → 間接影響市場

消費性支出

投資性支出

政府支出分類

轉移性支出

債務利息

排擠效果 → 完全排擠效果 —— 排擠民間支出，利率上升

部分排擠效果 —— 民間投資、消費受影響，但程度不高

完全無排擠效果 —— 民間投資、消費都無改變

政府負債過高 → 貨幣貶值／通貨膨脹 → 全民受害

政府的財政政策

財政在總體經濟中，是一項反景氣循環的政策工具，主要在於降低景氣循環波動，所帶來的不穩定傷害。

一、財政政策工具

財政政策是政府利用稅收、支出，來達到調控國家經濟的手段。

二、財政政策

(一) **權衡性財政政策**：由國會所發起的財政政策，包括政府支出或租稅的變動，例如增加食品安全檢驗的支出，或降低所得稅。

(二) **自發性財政政策**：是經濟情勢引發的財政政策，例如失業率上升，導致失業給付增加，所得降低導致稅收減少。

三、乘數效果

(一) **政府支出乘數**：是指政府購買支出變動，對總合需求產生的倍數效果。

(二) **課稅乘數**：是指課稅變動，對總合需求產生的倍數效果。當降低稅率導致可支配所得增加，則民間消費支出增加。但課稅乘數的效果，小於政府支出乘數的效果。

(三) **平衡預算乘數**：指政府支出與課稅同時變動，但是維持預算不變，面對總合需求產生的倍數效果。

四、擴張性財政政策

臺灣最常見的二種財政政策，是增加公共建設投資與減稅，兩者皆屬於擴張性的財政政策。

(一) **增加政府開支**：如推動各項公共建設，從而帶動民間參與投資。

(二) **減稅**：以刺激總體需求，增加產出。減稅伴隨較多儲蓄，所帶來乘數效果通常小於政府支出。

擴張性財政政策的負面效果，譬如，當增加政府支出或減稅，就會使利率與所得上升，同時也會增加政府負債，甚至會有損國家主權評等。

五、緊縮性財政政策

緊縮性財政政策是透過減少政府支出、增稅，以緩和總體需求，避免景氣過熱。緊縮性的財政政策，會使利率與所得下降。

六、財政政策失靈的原因

政府依據經濟情勢的變化，所提出來的財政政策，常會因政策時間落後，導致政策失效。為什麼政策時間老是落後，最主要的關鍵在於 1. 認知落後 (Recognition lag)；2. 執行落後 (Administrative lag)；3. 衝擊落後 (Impact lag)，而使得困難度提高。

政府財政工具

税收

支出

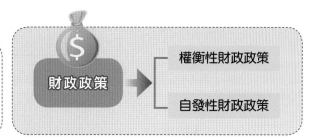

財政政策　→　權衡性財政政策

自發性財政政策

政府支出乘數

乘數效果

平衡預算乘數

課稅乘數

擴張性財政政策

增加政府開支

減稅

政府的財政政策

緊縮性財政政策

減少政府支出

增稅

財政政策失靈　→　政策時間落後　→　認知落後

執行落後

衝擊落後

政府推動任何的政策，都需要經費。這些經費要從哪裡來？所以政府的財政收入，至為重要。

一、政府收入來源

> 政府的收入＝課稅收入＋營業盈餘及事業收入＋規費及罰款收入
> ＋財產收入 (包括財產孳息) ＋其他收入

二、租稅目的

政府為了維持國家財政的穩健，收入來源需先確保，因此採取強制徵收方式，取得的租稅收入，成為政府的主要財政收入來源。譬如，個人所得稅包括綜合所得稅、營利事業所得稅與土地增值稅等。

三、消費稅與所得稅

(一) 消費稅

可以鼓勵儲蓄，不會在投資市場產生干擾作用，使一個國家的投資和儲蓄，能夠達到最適的水準。缺點是會使產品價格上升，並轉嫁給消費者。

(二) 所得稅

所得稅涵蓋綜合所得稅、營利事業所得稅、土地增值稅。部分稅負將會透過價格的上漲，轉嫁成為消費者負擔。

四、政府收支

> 預算餘額＝政府收入－政府消費支出

1. 當稅收＝支出時，國家預算是平衡的。
2. 如果稅收 > 支出，預算就有結餘 (Surplus)。
3. 支出 > 稅收，出現赤字 (Deficit)。

五、政府如何解決財政赤字

政府增加收入來源的方法有三種，分述如下：

(一) **徵稅**：徵稅包括增加稅源或是提高稅率，稱為賦稅融通。

(二) **發行公債**：政府可以向民間或國外借款，最常見的方式就是發行公債。

(三) **發行貨幣**：由中央銀行發行鈔票以支付政府的支出，但貨幣過多而商品數量過少時，可能導致物價上漲。

(四) **向公營金融機構賒借 (地方政府)**。

六、李嘉圖等質論 (Ricardian equivalence)

借債或課稅兩者的政策效果 (對市場需求、投資、消費、產出等總體變數的影響) 並無不同。

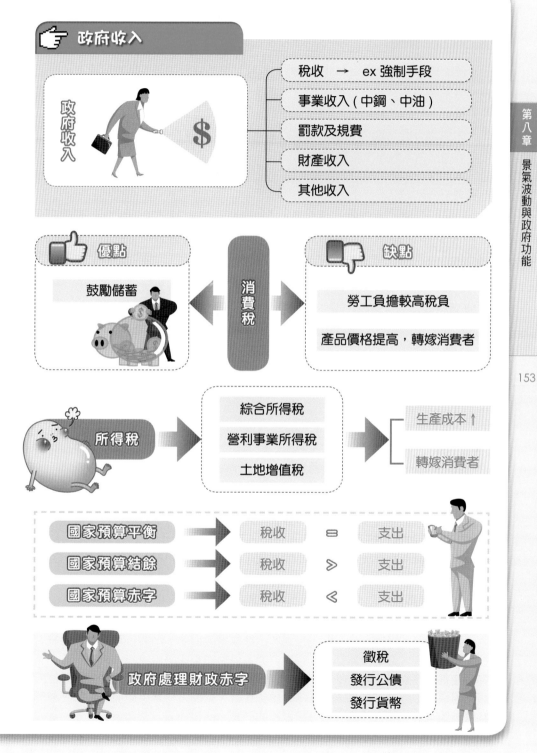

政府收入

政府收入
- 稅收 → ex 強制手段
- 事業收入 (中鋼、中油)
- 罰款及規費
- 財產收入
- 其他收入

優點
鼓勵儲蓄

消費稅

缺點
勞工負擔較高稅負
產品價格提高，轉嫁消費者

所得稅
- 綜合所得稅
- 營利事業所得稅
- 土地增值稅

生產成本↑
轉嫁消費者

國家預算平衡 → 稅收 ＝ 支出
國家預算結餘 → 稅收 ＞ 支出
國家預算赤字 → 稅收 ＜ 支出

政府處理財政赤字
- 徵稅
- 發行公債
- 發行貨幣

153

歐洲央行以物價穩定為首要目標，以利率作為貨幣政策工具的指標。

一、我國中央銀行經營目標有四：1. 促進金融穩定；2. 健全銀行業務；3. 維護幣值穩定；4. 於上列目標範圍內，協助經濟之發展。

二、中央銀行的功能：1. 制定及執行貨幣政策；2. 政府的銀行；3. 管理外匯、調節國際收支；4. 監督金融機構。

三、中央銀行：最常使用的兩項武器，就是「控制貨幣數量」，與「調整中央銀行利率」。

(一) **調整中央銀行的利率**：這就是「重貼現率」，也是銀行向中央銀行借錢時，所應付給中央銀行的利率。這個利率的高低，會影響銀行的資金成本，進一步會影響在銀行存錢和向銀行借錢的利率，自然連帶會影響每個家庭的購買、儲蓄或投資理財等行為，以及工商企業的投資計畫等經濟活動。一般來說，在經濟情況不太好的時候，中央銀行會降低這個重貼現率，銀行也會跟著降低存放款利率。

(二) **貨幣政策**：貨幣政策係指中央銀行，經由調控貨幣總計數，或利率水準等，以達成金融穩定與物價穩定，並促進經濟的長遠發展，最終的經濟目標。

    1. 貨幣政策最終目標：主要包括維持物價穩定、健全金融與促進經濟成長等。

    2. 貨幣政策操作工具：準備金制度、貼現窗口制度、公開市場操作、金融機轉存款與選擇性信用管理等。

四、貨幣政策的最終目標：1. 經濟成長；2. 物價穩定；3. 金融穩定；4. 匯率穩定。

五、貨幣政策工具：中央銀行執行貨幣政策，主要的工具包括：

(一) **存款準備率**：央行透過存款準備率之調整，改變銀行信用放款能力，進而控制貨幣數量，或其他重要金融變數。

(二) **貼現窗口**：央行在金融機構，出現資金短絀時，可透過貼現窗口給予資金融通。融通利率 (即重貼現利率) 由中央銀行訂定，具有宣示的作用。在經濟景氣過熱時，中央銀行可調高重貼現利率；在景氣不振時，則可調降重貼現利率。

(三) **公開市場操作**：公開市場操作係中央銀行在金融市場，以買賣票債券的方式，以增減銀行體系的準備金，達到調控準備貨幣數量，與拆款市場利率的操作機制。此項操作為央行運用最為頻繁之政策工具。

(四) **金融機構轉存款**：中央銀行可視經濟金融情勢的需要，接受金融機構所吸收存款的轉存，以穩定金融。此一轉存包含郵政儲金、農業金庫及銀行轉存款。

六、貨幣政策的限制：當民間支出太多，造成景氣過熱，則央行可採緊縮措施，抑制通貨膨脹，但不會影響正常經濟活動。但是如果國際原物料、能源價格上漲等，使得經濟成長下降、物價上升。央行若採取緊縮措施，則固然可控制通貨膨脹，但會付出經濟成長進一步下降之昂貴代價。對於這一類供給面的衝擊，央行在實施政策時，就會面臨政策目標取捨的問題，這也構成貨幣政策的限制。

中央銀行目標

促進金融穩定
健全銀行業務
維護幣值穩定
協助經濟發展

👉 **中央銀行功能**

制定及執行貨幣政策
政府的銀行
管理外匯、調節國際收支
監督金融機構

中央銀行政策工具

控制貨幣數量　$\$$　　　調整中央銀行利率

目標	貨幣政策	工具
經濟成長		存款準備率
物價穩定		貼現窗口
金融穩定		公開市場操作
匯率穩定		金融機構轉存款

8-10 貨幣

　　貨幣是一個經濟社會大眾，所共同接受的支付工具。適量的貨幣，可以促進經濟活動順利，提高經濟活動效率，促進生產及提高就業，物價穩定，加速經濟成長的功能。反之，不適量的貨幣，則將妨礙經濟活動的運行，導致就業、生產及物價的嚴重波動，並減緩經濟的成長。

一、貨幣有狹義、廣義之分

(一) **狹義的貨幣**：狹義的貨幣，有時被稱為 M1。通常是指所有的流通貨幣，支票及支票戶口的錢。M1A 及 M1B，都屬狹義的貨幣。

$$M1A＝通貨淨額＋支票存款＋活期存款$$

$$M1B＝M1A＋活期儲蓄存款$$

(二) **廣義的貨幣**：有時被稱為 M2，通常是指 M1 加上活期存款，少於 10 萬元的定期存款和貨幣基金。M2 屬廣義的貨幣。

$$M2＝M1B＋郵匯局存簿儲金＋定期存款＋定期儲蓄存款＋外匯存款$$

二、貨幣功能

(一) **交換媒介**：某項物品或資產可供買方向賣方交換商品或服務。
(二) **計價單位**：衡量商品與服務價值的共同單位。
(三) **價值儲存**：資產的購買力，能夠從一段期間，轉移到將來的另一段期間。
(四) **延期支付**。

三、貨幣分類

(一) **商品貨幣**：商品不但是貨幣，本身也具有真實價值。
(二) **強制貨幣**：政府法律規定的貨幣，又稱法定貨幣。
(三) **電子貨幣**：是指持有者向電子貨幣發行組織，支付傳統貨幣，發行者將等值現金轉為數位訊號，儲存在虛擬貨幣上。

四、貨幣需求動機

　　凱因斯提出貨幣需求的三大動機，説明如下：

(一) **交易性動機 (Transactions motive)**：交易性貨幣需求與所得成正向關係。
(二) **預防性動機 (Precautionary motive)**：凱因斯假定影響預防性貨幣需求的因素，為偶發支出之需要，由於意外支出的大小，與所得水準高低有關，所以，預防性貨幣需求，也與所得成正向關係。
(三) **投機性動機 (Speculative motive)**：當利率較高時，貨幣的需求比較低；當利率較低時，貨幣的需求比較高。

五、**貨幣乘數**：每 1 元的存款，所能創造的貨幣數量。

狹義 → M1A ＝通貨淨額＋支票存款＋活期存款

M1B ＝ M1A ＋活期儲蓄存款

廣義 → M2 ＝ M1B ＋郵局儲金＋定期存款＋
定期儲蓄存款＋外匯存款

貨幣

效換媒介

延期支付

貨幣功能

價值儲存

計價單位

貨幣分類

商品貨幣

強制貨幣

DIJ 113.44
YCH 140.97
GGL 22.16

電子貨幣

貨幣需求動機（凱因斯）

交易性動機

預防性動機

投機性動機

8-11 貨幣供需

　　貨幣需求是商業經濟的範疇，發端於商品交換，隨商品經濟及信用化的發展而發展。個人對貨幣的需求，必然受其經濟活動影響；當經濟活動愈頻繁，貨幣需求愈大。對於貨幣需求行為的了解，則能掌握貨幣如何影響經濟體系，以及貨幣政策的擬定。

一、影響貨幣供給因素
　　1. 存款準備率。
　　2. 重貼現率。
　　3. 公開市場操作。

二、「貨幣需求」意義
　　貨幣需求是指人所希望持有的貨幣數量，包括對通貨、支票存款及活期存款的需求。

三、「貨幣需求」分類
　　1. 以貨幣為計算單位的貨幣需求，稱為「名目貨幣需求」。
　　2. 以商品為計算單位的貨幣需求，稱為「實質貨幣需求」。

四、影響「名目貨幣需求」的因素
　　1. 實質所得。
　　2. 物價水準。
　　3. 名目利率。
　　4. 預期通貨膨脹率。
　　5. 換取貨幣的交易成本。

五、「貨幣需求」理論
(一) 古典的貨幣數量學說：人持有貨幣，是為了方便進行交易，因為貨幣具有交易媒介的功能。該學說並強調：1. 所得對貨幣需求有影響；2. 排除短期內，利率對貨幣需求的影響。
(二) 劍橋學派的貨幣需求理論：劍橋學派經濟學家馬歇爾與庇古，主張貨幣有交易與價值儲存的功能。同時，貨幣需求是由三個因素決定：1. 預算限制；2. 貨幣效用；3. 持有貨幣的機會成本。
(三) 凱因斯的流動性偏好說：凱因斯認為持有貨幣的三大動機：1. 交易動機；2. 預防動機；3. 投機動機；而且貨幣數量會影響利率，會影響人們的資產選擇，進而影響貨幣的流動速度。
(四) 弗利曼的現代貨幣需求理論：弗利曼認為利率，對貨幣需求的影響並非十分重要。個人的財富愈高，對貨幣的需求愈高；若其他資產相對於貨幣的預期報酬率愈高，個人對貨幣的需求愈低。

影響貨幣供給

- 存款準備率
- 重貼現率
- 公開市場操作

貨幣需求分類

- 名目貨幣需求
- 實質貨幣需求

影響名目貨幣需求

- 實質所得
- 物價水準
- 名目利率
- 預期通膨率
- 換取貨幣的交易成本

 貨幣需求理論

古典貨幣學說	劍橋學派	凱因斯流動性偏好說	弗利曼
所得對貨幣有影響 貨幣需求的影響排除短期內，利率對	持有貨幣的機會成本 貨幣效用 預算限制	貨幣需求三大動機	極大 利率對貨幣需求影響

第 9 章
總體消費理論

9-1 總體消費理論

9-2 簡單凱因斯模型

9-3 儲蓄

9-4 投資

9-5 凱因斯學派之危機處理

9-6 貨幣學派之危機處理

9-7 其他重要經濟學派

9-1 總體消費理論

　　消費函數相當複雜，受流動性資產、人口、前期消費支出、利率、財富等因素影響。

一、消費分類

　　1. 自發性的消費；2. 誘發性的消費。前者是指由可支配所得以外的因素所決定的；後者則是由可支配所得，所誘發出來的消費。

二、消費函數理論發展

　　1. 凱因斯 (J. M. Keynes) 確定消費與所得的關係 (絕對所得假說)。

　　2. 顧志耐 (Simon Kuznets) 對長期消費統計資料研究，長期消費傾向穩定。

　　3. 莫迪尼安 (F. Modigliani) 的生命週期假說。

　　4. 弗利曼 (Milton Friedman) 的恆常所得理論。

　　5. 都森貝利 (J. S. Duesen Berry) 的相對所得假說。

三、凱因斯消費函數

　　1. 無論就消費者個人或社會全體，一般認為消費支出是所得穩定且遞增的函數。

　　2. 所得水準增加時，一般的消費支出亦增加，然消費支出增加的數量，往往小於所得增加的數量。

　　3. 所得水準愈高，消費支出愈大；相對地，消費支出占所得水準的比例，卻愈來愈小。

　　4. 平均消費傾向，大於邊際消費傾向。

四、凱因斯消費函數的缺點

　　凱因斯所提出的消費函數，未必能符合目前的消費行為。舉例來說，對於一個剛出社會的上班族，很容易就把當月的薪俸花光，若有信用卡，其當期的消費，甚至可能會超過當期的可支配所得。

五、弗利曼的消費函數

　　弗利曼強調消費者是根據恆常所得，而非當期所得來決定消費，且消費和恆常所得之間，有固定比例的關係。

　　恆常消費 (Permanent consumption) 指的是，消費者會根據恆常所得，來建立一平滑消費 (Smooth consumption)；也就是說，恆常消費只受恆常所得支配，不因當期臨時所得的變動而增減。恆常消費包含當期非耐久財的購買支出，以及所購買的耐久財在當期對民眾所做的服務。因此，這裡的消費指的是能夠使當時效用增加的消費支出，有別於一般定義的消費。

六、顧志耐

　　根據他的研究發現，所得雖增加了 7 倍，但消費始終與所得維持一固定比例，這項研究成果又被稱為短期消費函數。

Date _____/_____/_____

消費函數理論

消費函數理論

- 消費與所得有關（凱因斯）
- 長期消費傾向穩定（顧志耐）
- 生命週期（莫迪安尼）
- 恆常所得論（弗利曼）
- 相對所得（都森貝利）

誘發性的消費

自發性的消費

消費

消費
支出隨所得
遞增而增加

所得增加
使消費增加

平均消費傾向 ＞ 邊際消費傾向

凱因斯消費函數

顧志耐

所得增 7 倍

消費仍維持固定

一、簡單凱因斯模型

又稱「所得—支出模型」(Income-expenditure model)，是以商品市場作為分析的對象。其主要目的是解釋一個封閉經濟體系，實質消費量與實質可支配所得，彼此之間的關係。

二、消費影響力大

在簡單凱因斯模型中，總支出的主角，就是消費。市場參與者，購買最終商品與服務，支出的多寡，對於整體經濟實質產出水準，具有決定性的影響。在簡單凱因斯模型中，均衡所得決定於總支出＝總所得。

三、消費單位

簡單凱因斯學派的經濟學家，將封閉經濟的市場參與者，歸納為三大類型：1.「家計單位」的購買稱為消費，以 C 代表；2.「廠商」的購買則稱為投資，以 I 代表；3.「政府」的購買稱為政府購買，以 G 代表之。

四、消費與所得關係

在封閉的經濟體系內，最終使用者購買商品與服務的「支出」(Expenditure)，會等於實質產出，且購買的花費，最後一定會成為參與生產者的「所得」(Income)。

五、簡單的凱因斯模型四項基本假設

簡單凱因斯模型假定，其他影響當期消費支出的因素不變，這些不變的因素包括：1. 物價水準固定不變；2. 不考慮政府部門和國外部門；3. 民間消費受可支配所得的影響；4. 計畫性投資暫時視為固定不變。

六、影響消費支出的因素

在總體經濟學理論中，以下前三個因素增加時，都會增加消費。當實質利率下跌，消費支出也會增加。這些決定消費支出的因素，包括 1. 可支配所得；2. 財富水準；3. 預期未來的可支配所得；4. 實質利率；5. 預期通貨膨脹。

七、邊際消費傾向

當所得增加 1 元時，消費支出所增加的金額。

八、投資分類

在簡單的凱因斯模型中，將投資分類為「自發性投資」、「預擬投資 (或意願的投資)」二種。

(一)「自發性投資」：假設廠商的實質投資量，是維持在固定的水準，不受所得多寡的影響。

(二)「預擬投資 (或意願的投資)」：「新廠房設備購買量」以及最適「存貨變動量」兩者的和，就是廠商的預擬投資。

簡單凱因斯模型
(所得——支出模型) → 解釋封閉體系 → [消費 / 可支配所得] → 關係

消費單位

| 家計單位 | 廠商 | 政府 |

物價固定不變

民間消費受可支配
所得影響

簡單凱因斯模型
的假設

不考慮政府和
國外部門

計畫性投資
(固定不變)

可支配所得

投資

預期通膨

財富水準

自發性投資

預擬投資

影響消費支出的因素

實質利率

預期未來
可支配所得

9-3 儲蓄

儲蓄可以轉換成為投資，購買儀器設備、廠房、僱用勞工、生產生活所需的產品，進而促進經濟成長。所以儲蓄對投資與經濟成長，都具有密切的連動性。

一、儲蓄

可支配所得與消費支出間的差異，則稱為儲蓄，所以儲蓄是消費的反面。

二、可支配所得

家計單位來自薪資、利息、租金、利潤等各方面的所得收入，這些所得收入扣除其在同期內的淨稅賦支出，稱為可支配所得。

三、影響儲蓄的因素

家計單位一般會因衣食住行育樂，各方面的需要，先將部分的可支配所得，作為滿足基本需求的消費。可支配所得與消費支出間的差額，則可作為儲蓄。

1. 可支配所得：可支配所得增加，儲蓄會增加。
2. 預期通貨膨脹。
3. 實質利率。
4. 預期未來的可支配所得。
5. 財富水準。

四、心理法則

凱因斯根據基本的心理法則，認為一個人的實質可支配所得增加時，其實質消費量會跟著增加，但是消費量增加的比例，會低於可支配所得增加的比例。換言之，消費者會將部分可支配所得，所增加的部分，儲蓄起來。

五、儲蓄函數

描繪儲蓄與可支配所得，彼此的函數關係。

六、儲蓄的方法

1. 將錢存進銀行；2. 借錢給政府；3. 借錢給廠商。

七、「節儉的矛盾」

從經濟整體所得的角度來看，家庭儲蓄率高未必是美德。所謂「節儉的矛盾」，指凱因斯理論下整體社會想（預擬）儲蓄愈多，所做到（實現）的是「儲蓄減少，所得亦減少」。按照節儉的矛盾現象，增加儲蓄意願會導致所得與儲蓄都會減少。此外，超額儲蓄也表示過多閒置的資金，並不利未來總體經濟發展。

八、消費量與儲蓄量增加的幅度，決定於個人「邊際消費傾向」、「邊際儲蓄傾向」

（一）邊際消費傾向：當可支配所得改變時，實質消費量的變動，占實質可支配所得變動的比率。

（二）邊際儲蓄傾向：當可支配所得改變時，實質儲蓄量的變動，占實質可支配所得變動的比率。

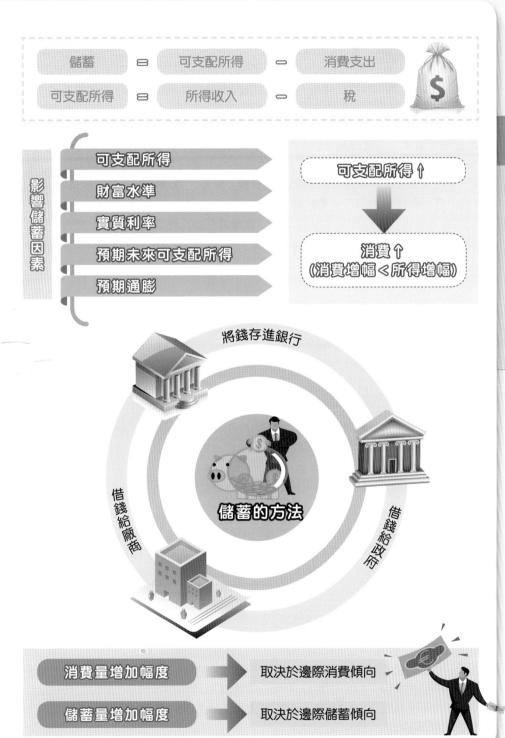

儲蓄 ＝ 可支配所得 － 消費支出

可支配所得 ＝ 所得收入 － 稅

影響儲蓄因素

可支配所得

財富水準

實質利率

預期未來可支配所得

預期通膨

可支配所得↑

消費↑
（消費增幅＜所得增幅）

將錢存進銀行

借錢給廠商

借錢給政府

儲蓄的方法

消費量增加幅度 ➡ 取決於邊際消費傾向

儲蓄量增加幅度 ➡ 取決於邊際儲蓄傾向

9-4 投資

　　儲蓄與投資,是共同決定經濟成長的重要因素,也是總體經濟學重要的理論基礎。

一、投資的定義:在總體經濟學中,投資泛指廠商在商品市場中,購買或處分生產設備等資本財 (實體資本財) 的行為。因此,個人從事「金融性交易」理財或儲蓄等行為,都不包括在內。投資定義的核心,主要有兩點,說明如下:

(一) **投入資金購買設備,以擴充生產規模**:譬如,擴建廠房、增購機器設備。

(二) **增加市場競爭力**:從事新產品、新技術的研發。

二、投資的優點:1. 降低生產成本,促進產業升級:培育專業人才、提升技術、研發新產品、提高利潤。2. 帶動經濟成長與發展,提供就業機會,增進生活福祉。3. 讓消費者有更好的選擇,讓未來生活更美好。

三、投資部門:1. 民間投資;2. 公部門投資支出。

四、投資項目:投資支出依其屬性,分類如下:

(一) **固定投資**:是投資支出的大宗,主要是指固定資本財的購置成本。

(二) **住宅投資**:住宅投資屬於家計單位的投資行為,除了前面提到的房屋及住宅等資本財之外,一般均將本期中有關住宅的營建與修繕費用列於投資項下。

(三) **存貨變動**:存貨變動代表本期最終商品的增減。存量的變動主要來自:新增資本財 [又稱毛投資 (Gross investment)] 與使用期間發生的折損 [又稱折舊 (Depreciation)]。兩者的差額稱為淨投資 (Net investment)。

淨投資＝毛投資－折舊

　　國民生產毛額中的投資支出,指的是毛投資而非淨投資,這是所以稱為「毛額」的主要原因。

五、投資意願:影響投資的因素有三個,即 1. 市場利率;2. 企業預期;3. 所得。凱因斯學派認為,造成投資意願低落的原因有四點:1. 國際景氣欠佳;2. 國內泡沫經濟破滅;3. 內銷市場不振;4. 非經濟因素,如治安、政治黑金。

六、對外投資的效果:對總體經濟而言,對外投資產生四種效果。

(一) **失業率與產業空洞化**:國外投資替代了國內投資,國內生產相應降低,失業因而發生。

(二) **帶動出口**:對外投資帶動出口,特別是產業內貿易,譬如臺商到大陸投資,因而帶動兩岸貿易。

(三) **技術升級效果**:廠商因對外投資,吸取當地國菁英與技術,而使企業競爭力提升。

(四) **內部不具競爭力的產業,將被淘汰**。產業結構調整效果,舊的產業消失,新的產業興起。

投資定義 ➡ 購買資本財 (儀器設備)

研發創新以增加市場競爭力

投資優點

降低生產成本

產業升級

經濟成長

消費者更多選擇

投資部門

民間投資

公部門投資

投資
依屬性
可區分為 ➡ 固定投資

➡ 住宅投資

➡ 存貨變動

169

投資低落原因 (凱因斯學派)

國際景氣欠佳

泡沫經濟破滅

內銷市場不振

非經濟因素

ex 治安

影響投資

市場利率

所得

企業預期

對外
投資效果

產業空洞化

帶動出口

技術升級

淘汰不具競爭力的企業

9-5 凱因斯學派之危機處理

一、古典經濟學理論的缺憾

1930 年代的經濟大蕭條以前，整個西方的經濟學界，幾乎信奉亞當・史密斯所倡議的，那隻「看不見的手」，即市場競爭本身能自動調節供需均衡，並由此界定國家職能，只是「守夜人」的角色。但是 1930 年代遭遇的經濟大災難，其現象是 1. 龐大失業潮；2. 逾萬家銀行倒閉；3. 出口和國內消費的驟降。當時主流的古典經濟學理論，未能切中時弊，更提不出有效的解決方案。

二、凱因斯學派主張

面對 1930 年代的經濟大恐慌，危急存亡之秋，凱因斯學派強調，有效需求不足是引起經濟大恐慌的關鍵。凱因斯 (John M. Keynes) 處理危機的重點：1. 以解決失業問題為核心；2. 否定了古典經濟學派充分就業的說法；3. 擴大政府經濟角色，要有「權衡性 (Discretionary)」的政策。在景氣繁榮時，應減少政府支出、貨幣供給；在景氣蕭條時，即須提高政府支出，擴大公共投資，增加貨幣供給，提高市場總合需求，刺激廠商僱用勞動力的意願。

三、凱因斯學派危機處理的藥方

(一) **財政政策**：以增加政府支出，來增加有效需求。
(二) **貨幣政策**：增加貨幣供給，降低利率，來提升投資意願。
(三) **外匯政策**：以貶值刺激出口，來增加社會的有效需求。

四、危機處理藥方的效力

在凱因斯 (John M. Keynes) 的經濟理論主導下，政府參加經濟活動，主要是偏重並藉公共工程的建設，減少失業率與增加私人收入。我國政府的十大建設，使我國安全度過第一次、第二次的石油危機。又譬如，921 大地震、SARS 疫情，所造成的百業蕭條，政府不得不伸出那隻「看得見的手」，遂行其救助的工作。

五、凱因斯學派的不足

1970 年代末，資本主義世界發生一場嚴重而奇怪的經濟危機，不但失業率高，通貨膨脹率也高，因此形成了經濟遲滯，卻又出現通貨膨脹的新經濟危機。這樣的危機，完全迥異於 1930 年代的經濟大蕭條。根據正統凱因斯經濟學「菲利浦曲線」(Philips Curve)，失業率與通貨膨脹之間，存在此消彼長的抵換關係。一旦要降低失業率，就要付出通貨膨脹的代價；要降低通貨膨脹，就會引發高失業率。但 70 年代的「停滯膨脹」(Stagflation)，卻是失業與通膨同時存在。凱氏理論因未能解釋停滯性通貨膨脹 (Stagnation) 的現象，受到以弗利曼 (Milton Friedman) 為代表的重貨幣學派 (Monetarists)，及理性預期學派 (Rational Expectations School) 的嚴重挑戰。

1930年代經濟大恐慌

龐大失業潮	萬家銀行倒閉	出口及消費皆降

凱因斯學派主張

- 以解決失業為核心
- 否定市場充分就業的假設
- 擴大政府角色 → 「權衡性」政策 →
  - 景氣 → 減少政府開支
  - 不景氣 → 擴大公共投資

👉 凱因斯學派危機處理「藥方」

財政政策　貨幣政策　外匯政策

凱因斯學派不足處 ➡ 無法解釋 70 年代「停滯性通膨」

貨幣學派是 20 世紀 50-60 年代，在美國出現的一個經濟學流派，亦稱貨幣主義，其創始人為美國芝加哥大學教授弗利曼。

一、危機根源

貨幣學派認為經濟大恐慌的主因，是錯誤的貨幣政策所致。特別是美國做出緊縮貨幣供給的錯誤決定，同時在 1930-1931 年爆發銀行擠兌時，美國聯準會又無所作為，當英國在 1931 年退出金本位制度時，聯準會卻提高利率。所有的這些舉動，都導致貨幣供給量的下降，從而導致消費的減少，最終引發經濟大恐慌。

二、貨幣學派的主張

弗利曼認為通貨膨脹與失業並存，要靠限制貨幣數量的增長率而達到。其他重要主張如下：

(一) 尊重市場機能

相信市場有恢復平衡的功能。

(二) 反對政府干預經濟

政府要支出多少，必須要有相對的收入，而最大的財政收入就是稅收。但增加稅收又會緊縮民間消費，所以反對政府干預經濟。

(三) 貨幣是關鍵

貨幣數量的變動是，影響物價和經濟循環的主要原因。因為貨幣供給的不穩定，才是造成通貨膨脹的主因。

(四) 政策工具

把貨幣發行量作為唯一的政策工具，故建議政府公開長期固定的貨幣增長率。同時認為財政政策，對於恢復經濟榮景沒有幫助，因為財政政策制定曠日費時，待政策通過國會制定，也許經濟局勢早已變化。因此，該學派認為財政政策的效果，遠小於凱因斯學派。

(五) 沒有「流動性陷阱」

貨幣學派認為沒有「流動性陷阱」，而凱因斯學派認為有。什麼是「流動性陷阱」？就是增加貨幣供給，降低利率，卻仍無法刺激經濟成長。

(六) 減稅。

(七) 所得與消費關係

人們當期的消費多寡，是由當期及未來相當長的一段時間內，預期的總所得來決定。也就是說，當人們預期未來的所得會降低，那麼，雖然當前所得沒降，人們也會縮衣節食，以便為未來的「苦日子」做好準備。相反地，如果預期到自己未來的所得會上升，那麼，即使當前所得沒上升，也會增加支出，提前消費。

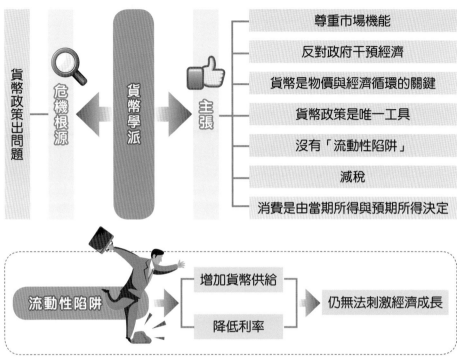

貨幣學派

危機根源 ← → 貨幣學派 → 主張

貨幣政策出問題

主張：
- 尊重市場機能
- 反對政府干預經濟
- 貨幣是物價與經濟循環的關鍵
- 貨幣政策是唯一工具
- 沒有「流動性陷阱」
- 減稅
- 消費是由當期所得與預期所得決定

流動性陷阱 → 增加貨幣供給 / 降低利率 → 仍無法刺激經濟成長

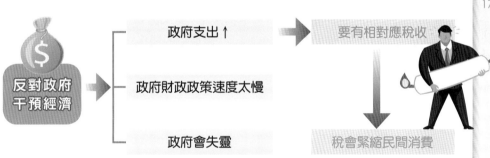

反對政府干預經濟 → 政府支出↑ → 要有相對應稅收

政府財政政策速度太慢

政府會失靈 → 稅會緊縮民間消費

貨幣學派 → 通膨 / 失業 → 並存 → 解決之道 → 限制貨幣數量增長率

9-7 其他重要經濟學派

一、供給學派經濟學 (Supply-side economics)

供給學派是 20 世紀 70 年代，在美國興起的一個經濟學流派。

(一) **危機根源**：供給學派認為 1929-1933 年的世界經濟危機，並不是由於有效需求不足，而是供給不足。供給不足的原因，是因儲蓄不足。

(二) **大幅減稅**：該學派反對高稅率，因這會使儲蓄減少，利率上升。大幅度減稅可增加個人收入和企業利潤，促進儲蓄和投資，從而增加為市場生產的商品量。

(三) **反對高利率**：高利率必然使投資萎縮，導致生產增長緩慢，削弱商品在國際市場上的競爭力，造成國際收支赤字擴大，加劇通貨膨脹。

(四) **穩定貨幣價值**：供給學派不同於貨幣學派，主要是供給學派認為，控制貨幣數量增長的目的，不應只是與經濟增長相適應，而是為了穩定貨幣價值。貨幣價值保持穩定，通貨膨脹心理才會消失。

(五) **政府政策**：1. 促進投資；2. 增加勞動供給，而使得產出增加；3. 鼓勵生產。

二、新興凱因斯學派 (New Keynesian economics)

讓凱因斯學派又以嶄新的風貌出現，這個學派稱為第二代新興凱因斯學派。其重要內涵有：

(一) 將理性預期的理念，加入凱因斯學派的理論中，以彌補凱因斯學派缺乏個體經濟基礎的不足。

(二) 市場存在「市場失靈」因子，使得物價與工資的調整，存在僵固性 (Sluggish adjustment)。價格僵固的原因為：1. 社會習俗的關係；2. 比較的心理；3. 調降價格的成本。

(三) 市場價格機能雖有調節機制，但不是無法使經濟向均衡收斂，就是收斂的速度太慢。

(四) 政府應扮演主動積極的角色，利用權衡政策工具來達到穩定經濟的目的。

三、新古典學 [理性預期理論 (Rational expectation school)]

理性預期對於政策的看法與古典學派相同，故被稱作新興古典學派。理性預期學派強調，社會大眾預期以外的政策，對於處理經濟危機才會生效。被預期到的政策，不會有效果。該學派也反對，政府過多干預經濟，偏向自由經濟。

該學派也有缺失，1. 市場有效率並不必然意味，市場合於理性；2. 個別理性並不保證集體理性；3. 個別行為並非完全符合理性；4. 資源配置效率的利益有其極限；5. 大規模的從眾效應與市場過度反應。

四、經濟理論省思

無論是哪一種經濟理論，都未能預測與解釋金融海嘯的嚴重性。2008 年全球金融海嘯與 2009 年歐債危機，追根究底就是高度經濟自由化與區域整合的擴增。此經濟危機處理，各國常見的措施主要是降低存款準備率及降低官方利率。

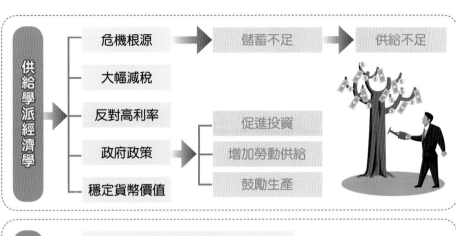

供給學派經濟學
- 危機根源 → 儲蓄不足 → 供給不足
- 大幅減稅
- 反對高利率
- 政府政策 → 促進投資 / 增加勞動供給 / 鼓勵生產
- 穩定貨幣價值

新興凱因斯學派
- 加入「理性預期」
- 價格僵固原因 → 社會習俗 / 比較的心理 / 降價成本
- 「價格機能」調整速度過緩
- 政府應有作為

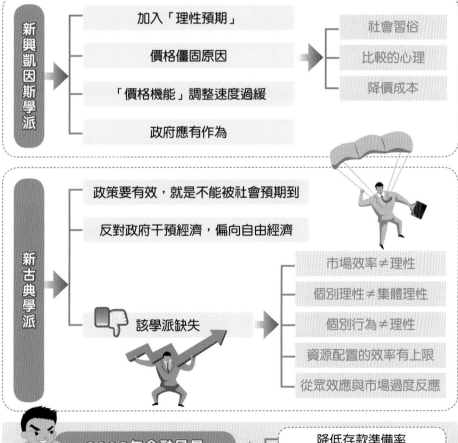

新古典學派
- 政策要有效，就是不能被社會預期到
- 反對政府干預經濟，偏向自由經濟
- 該學派缺失 →
  - 市場效率 ≠ 理性
  - 個別理性 ≠ 集體理性
  - 個別行為 ≠ 理性
  - 資源配置的效率有上限
  - 從眾效應與市場過度反應

2008年金融風暴各國主要措施 →
- 降低存款準備率
- 降低官方利率

第 10 章
國際收支與外匯

10-1　國際收支帳

10-2　國際收支均衡

10-3　國際收支失衡

10-4　國際匯兌

10-5　匯率制度

10-6　匯率決定的理論

10-7　外匯市場

10-1　國際收支帳

一、國際收支帳的意義

　　一個國家或經濟社會，以貨幣形式記載一段期間內，本國居民和其他國家間的經濟交易活動。國際收支帳的定義，還應注意下列四點：

(一) 特定期間

　　所記載的項目，都是就某一特定年分 (或時期) 而言，因此，它們表示的是金融資產的流量 (或變化)，而且通常以一年為單位。

(二) 居民

　　指長久居住在該國的自然人與法人，且被視為「居民」。只有發生在本國居民和外國居民之間的交易，才記入帳內。

(三) 經濟性交易

　　1.商業交易活動：國際間財貨、勞務、貨幣與金融資產，進行雙向有償的交易。

　　2.非商業交易活動：片面無償的移轉給付。

(四) 平衡

　　任何一種交易都有兩個方面，也就是一方作為貸方，另一方作為借方，所以，國際收支帳總是平衡的。

二、國際收支帳的功能

(一) 由總體經濟觀點

　　國際收支可以使一個國家，了解該國對外經濟活動的績效，以提供政府制定財政、貨幣、外匯、貿易等，經濟金融政策的重要參考資料。

(二) 由個體經濟觀點

　　國際收支可作為本國人民或外國人，對一國進行實際投資，或金融投資決策的重要參考。因為透過國際收支帳，則可了解該國的經濟結構，及未來匯率變化的趨勢。

三、國際收支帳的內容

(一) 經常帳：經常帳是國際收支的主幹，內分記載商品進出口、勞務收支、所得支出與經常移轉等交易項目。

(二) 資本帳：資本帳 (Capital account)：記載資本移轉與獲得或處分非生產性、非金融性資產交易、無形之專利、租約、可移轉性契約與商譽等。

(三) 金融帳 (Financial account, FA)：包括直接投資、證券投資、其他投資與準備資產等四項。

(四) 誤差與遺漏。

(五) 準備與相關項目：準備資產、基金信用的使用、特殊融資。

Date _____/_____/_____

特定期間（一年）

經濟性交易

居民

平衡

國際收支帳

國際收支帳功能

個體經濟 ⇓ 個人投資

總體經濟 ⇓ 政策參考、擬定

經常帳

準備與相關項目

國際收支帳內容

資本帳

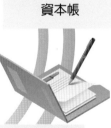

誤差與遺漏

金融帳

知識維他命

「冷錢」：主要是指外國人到當地購買土地、建廠房、聘僱人員及生產物品。由於這種投資，有助於一國經濟的成長，以及失業率的降低，一國又能學到技術，相對於「熱錢」所造成的過度波動，「冷錢」反而較受歡迎。

第十章

國際收支與外匯

179

國際收支平衡 (Balance of payments, BOP)，是由「財貨與勞務的交易」，與「國際間的資本移動」來決定。

一、會計的國際收支均衡

由會計觀點，指國際收支的借、貸雙方達到平衡的狀況，並不需要考慮與國際收支有關經濟變數的狀況。國際收支係以「複式簿記」(Double-entry bookkeeping) 為記載基礎，任何一筆借方數額，都必有一筆或幾筆在總數上，與借方相等的貸方數額。

所以，複式簿記在原則上，確保借方總額必定等於貸方總額，收支餘額必是零。最後一定是借貸平衡，屬於一種「事後」均衡的觀念，因此，國際收支實際上可能不平衡，但從會計的觀點，一定平衡。

經常帳餘額＋資本帳餘額＋官方準備帳餘額＝國際收支帳餘額＝ 0

二、國際收支順差 (逆差)

收入總額大於支出總額，稱為國際收支順差，或稱國際收支盈餘；支出總額大於收入總額稱為國際收支逆差，或稱國際收支赤字。逆差表示對外負債，一般要用外匯或黃金償付。

三、經濟的國際收支均衡

針對經濟變數是否會進一步變動來分析，因此，是一種「事前」或「計畫」的均衡觀念。

四、國際收支均衡的類別

(一) 市場的國際收支均衡 (Market balance of payments)

指在一定的市場期間內，如果沒有短期資本、黃金及其他國際準備的淨移動發生，不需要進行任何調節性交易。在自由外匯市場下，當購買者對外匯的有效需求，大於供給的有效供給時，該國的國際收支將會發生「逆差」。

(二) 計畫的國際收支均衡 (Programmed balance of payments)

指達到政府當局預期經濟目標的國際收支平衡。

(三) 真實的國際收支均衡 (True balance of payments)

1. 沒有物價膨脹的充分就業。

2. 以過去某時點為基準，政府當局沒有採取額外的貿易，或金融管制措施，以達到國際收支均衡，又稱為「充分就業均衡」。

國際收支類別

| 市場的國際收支均衡 | 計畫的國際收支均衡 | 真實的國際收支均衡 |

決定國際收支兩大因素

財貨與勞務的交易

國際間的資本移動

| 國際收支順差 | = | 收入 | > | 支出 |
| 國際收支逆差 | = | 收入 | < | 支出 |

實際的國際收支不一定均衡

會計的國際收支一定均衡 ← 屬「事後」的均衡概念

DIJ 113.44
YCH 140.97
GGL 22.16

處理國際收支逆差

外匯

黃金支付

他國或國際機構（IMF）的援助

10-3 國際收支失衡

一、產生國際收支失衡的主要原因

(一) 結構性失衡：一國因國內生產結構與相應要素配置未能及時調整，譬如天然災害及戰爭、或社會不安等影響經濟活動，而引起本國國際收支不平衡。

(二) 週期性失衡：一種因經濟發展的變化，而使一國的總需求、進出口貿易和收入受到影響，而引發的國際收支失衡情況。

(三) 收入性失衡：一國國民收入發生變化而引起的國際收支不平衡。一定時期一國國民收入多，意味著進口消費或其他方面的國際支付會增加，國際收支可能會出現逆差。

(四) 幣值性失衡：因一國幣值發生變動而引發的國際收支不平衡。當一國物價普遍上升或通膨嚴重時，產品出口成本提高，產品的國際競爭力下降，在其他情況不變的情形下，出口必然減少。出口減少，與此同時，進口成本降低，進口增加，國際收支發生逆差。反之，就會出現順差。

(五) 政策性失衡：一國推出重要的經濟政策，對國際經濟活動干擾，所引發的國際收支不平衡。

二、現代政府的國際收支調整政策

國際收支失衡有許多不利影響，各國政府都把維持國際收支平衡，作為總體經濟政策的主要目標。

(一) 貨幣貶值：J曲線理論。就長期而言，貨幣貶值的確可改善貿易逆差。但是就短期內，貿易量並不會因本國貨幣「貶值」，而立刻有所變動，同時在短期內，其貿易逆差會先惡化，因為短期內「價格效果」(進口成本增加)，將強於進口的「數量效果」(進口數量減少)。貨幣貶值經過一段時間以後(落後效果)，國際收支會獲得改善。因此，貶值對貿易餘額或貿易收支的影響，呈現「J」字型變化。

(二) 採取保護主義 (Protectionism)，可能造成對手國報復：高關稅、配額、選擇性貿易限制。

(三) 直接管制：逆差失衡的國家，採取直接管制的手段，以促使國際收支均衡。直接管制的方法，包括量的限制(限額或配額)、進口的特種關稅，以及外匯管制(包括複式匯率制度)等數種。

(四) 彈性調整法：國際收支的失衡，必須透過商品進出口彈性調整。

(五) 所得吸納法：藉由改變本國所得水準，達到調整國際收支的目的。其邏輯是本國所得減少→對外國產品需求減少→進口金額減少→經常帳餘額改善。

(六) 貨幣調整法：這種方法認為國際收支失衡，是因貨幣供需失衡。所以貨幣方法，強調以改變貨幣供需關係，來調整國際收支。如果對貨幣需求，超過中央銀行所供給的貨幣數量，超額的貨幣需求，將由國外流入的貨幣來滿足，本國將有國際收支順差。

國際收支失衡原因

國際收支 失衡原因

- 結構性失衡
- 週期性失衡
- 收入性失衡
- 幣值性失衡
- 政策性失衡

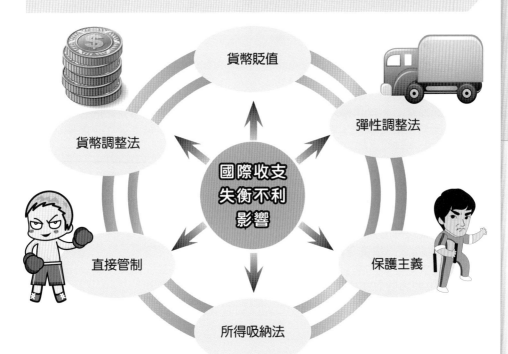

貨幣貶值

彈性調整法

貨幣調整法

國際收支 失衡不利 影響

直接管制

保護主義

所得吸納法

保護主義 → 高關稅 / 配額 / 選擇性貿易限制 → 易引起報復

直接管制
- 量的限制（配額）
- 進口關稅
- 外匯管制

10-4　國際匯兌

　　兩國的經貿關係，不論是進出口所需的押匯、外匯金額的融通與調整，以及與國際貿易相關的業務，都需要金融業的支持與協助。因此，金融業的發展，對於國際事務的推動，扮演十分重要的角色。

一、金融機構

　　從事資金融通，或資金融通相關的行為。基本上可分為三大類：1.存款機構；2.非銀行的金融單位；3.未納入管理的租賃公司或分期付款的公司。

二、金融市場

　　提供各種資金交易，充當資金供需橋梁的市場。基本上可分為四類：1.貨幣市場；2.資本市場；3.外匯市場；4.未納入管理的借貸市場。

三、金融體系

　　泛指金融仲介、金融市場、金融工具及指導金融資金活動的管理範圍。

四、匯兌的意義

　　指交易雙方，如債權人與債務人、資金需求者與資金供給者之間，委託金融機構憑匯票、電報或信函等工具，收付、轉讓、清算或借貸之方式，而非以直接轉送現金的方式。

五、國際匯兌的功能

(一) 規避運送現金風險與不便

　　國際貿易創造了換算風險、交易風險，以及營運風險，而外匯市場的存在，提供了各式避險的管道。

(二) 便利國際間購買力移轉

　　外匯市場便利了通貨的轉換，使得人們可以將其購買力由本國延伸至別國。

(三) 促進國際貿易發展

　　拓展信用的功能，國際貿易牽涉到時間的落差，外匯市場可以提供避險的管道，使得從事國際貿易者，願意從事跨國界的賒銷或賒購，將信用交易拓展至以外幣計價的商業活動當中。

(四) 活絡國際資金。

六、國際匯兌的範圍

　　1.匯款；2.外幣現鈔結匯；3.外幣旅行支票結匯；4.外匯存款存取；5.光票託收及買入光票。

七、常見的流程

(一) 由買方發動，以電匯、信匯，或票匯付款的順匯流程。

(二) 由賣方發動，以信用狀託收款的逆匯流程。

存款機構

非銀行的金融單位

金融機構

分期付款的公司

未納入管理的租賃公司

金融市場

貨幣市場

資本市場

外匯市場

未納入借貸的市場

國際匯兌功能

活絡國際資金

促進國際貿易發展

國際間購買力移轉

規避運送現金的風險與不便

國際匯兌範圍

匯款

外幣現鈔結匯

旅行支票結匯

外匯存款存取

光票託收及買入光票

10-5　匯率制度

　　世界各國都有其自己的貨幣，當要購買他國財貨或勞務，必須先兌換成他國貨幣，才能進行交易。這種貨幣兌換的制度，叫作匯率制度。

一、外匯：國家為了國際支付，而持有其他國家的貨幣，或其他支付工具。

二、匯率：指兌換一個單位外國貨幣，所要支付的本國貨幣。

三、匯率變化的主因：一國國際收支狀況，會引起的外匯供需變化，這是影響匯率變化的主要因素。1. 國際收支順差的國家→外匯供給增加，外國貨幣價格下跌，本國貨幣升值；2. 國際收支逆差的國家→對外匯的需求增加，外國貨幣價格上漲，本國貨幣貶值。

四、匯率制度類型：匯率制度的類型，可分為四種：

(一) 固定匯率制度：固定匯率制度是本國貨幣與其他所有國家的貨幣間，匯率都是固定的，這種人為因素所決定的匯率制度，當匯率一旦決定就不輕易更動。

(二) 浮動匯率制度：匯率完全由外匯的供需來決定，政府不做任何干預，或限制的匯率制度，稱為浮動匯率制度。

(三) 管理浮動匯率制度：1. 政府原則上讓外匯市場自由運作，但會視情況而進場買賣。所以管理浮動匯率制度，是介於固定與浮動匯率制度的中間，而偏向浮動一端的制度，目前絕大多數國家的貨幣，包括新臺幣皆採用此制度。2. 如果政府買匯愈多，本國貨幣貶值愈多；反之，政府賣匯愈多，本國貨幣升值愈多。

(四) 釘住匯率制度：本國貨幣與某一國的貨幣的比率，固定在某一個價位。但是與固定匯率制度不同之處，固定匯率制度是本國貨幣，與其他所有國家的貨幣間之匯率都是固定的，而釘住匯率制度是本國貨幣，只與被釘住國家的貨幣，維持固定匯率，故又稱為「聯繫匯率制度 (Currency board)」，例如港幣釘住美元。

五、金融史上的匯率制度：在國際金融史上，一共出現了三種匯率制度，即金本位體系下的固定匯率制、布雷頓森林體系下的固定匯率制，和浮動匯率制。

(一) 金本位體制下的固定匯率制：1880-1914 年的 34 年間，主要西方國家通行金本位制，即各國在流通中，使用具有一定成色和重量的金幣作為貨幣。在金本位體系下，兩國之間貨幣的匯率，由它們各自的含金量之比——金平價 (Gold Parity) 來決定。1914 年第一次世界大戰爆發，各國停止黃金輸出入，金本位體系即告解體。

(二)「布雷頓森林體系」下的固定匯率制：1944 年 7 月，建立了「布雷頓森林體系」下的固定匯率制，並確定了以美元為中心的國際貨幣體系。

(三) 浮動匯率制度：自 1973 年 3 月以後，以美元為中心的固定匯率制度就不復存在，而被浮動匯率制度所代替。「完全自由」的浮動匯率制度，幾乎不存在，各國只是在管理或干預程度不同而已。

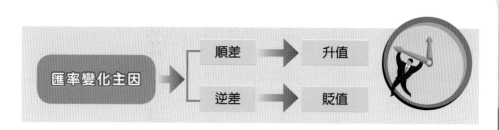

匯率變化主因 → 順差 → 升值
　　　　　　　 逆差 → 貶值

固定匯率制度

管理浮動匯率制度

匯率制度
的類型

浮動匯率制度

釘住匯率制度

👉 歷史出現的匯率制度

金本位的
固定匯率

「布雷頓
森林體系」
固定匯率

浮動
匯率制度

匯率 → 兌換（一單位）外國貨幣，所須支付的本國貨幣。

10-6 匯率決定的理論

匯率是貨幣交換的價格，就像其他價格一樣，是由外匯市場供需決定。

一、外匯供給

(一) 經常帳收入

1. 外國居民支付出口商品的價款；2. 外國居民支付本國居民，在外國資產的利息；3. 外國居民支付出口服務，或來本國觀光的價款；4. 外國居民對本國的移轉支付。

(二) 金融帳收入

1. 短期資本流入；2. 長期資本流入或外國居民對本國投資；3. 中央銀行拋售外匯 (賣匯)。

二、外匯的需求

(一) 經常帳支出

1. 本國居民支付進口商品價款；2. 本國居民支付國外貸款的利息；3. 本國居民支付進口服務或出國觀光的價款；4. 本國居民對外國的移轉支付。

(二) 金融帳支出

1. 短期資本流出；2. 長期資本流出或本國居民對外國投資；3. 中央銀行自行收購外匯 (買匯)。

三、影響匯率變動的因素

(一) 貨幣之購買力：若兩國均衡匯率的決定，取決這兩國貨幣購買力的比較。1. 絕對購買力平價：兩國均衡匯率是由這兩國同類商品，所編組而成的物價水準，相對的比率所決定。物價水準較高 (低) 之國家，其匯價應該貶 (升) 值。2. 相對購買力平價：兩國均衡匯率是由這兩國物價水準，變動率所決定的。當物價變動率較高 (低) 之國家，其匯價應該貶 (升) 值。

(二) 國際收支：在外匯市場上，國際收支若為順差，那麼外匯的供給，將大於外匯的需求，此時本國貨幣升值，外國貨幣貶值；國際收支若為逆差，變現為外匯的供給，小於外匯需求，那麼外幣將升值，本幣將貶值。

(三) 資本流動：短期大量且進出頻繁的資金，已成為決定匯率的主要因素。

(四) 經濟成長：如果一國為高經濟成長率，則該國貨幣匯率高。

(五) 利率水準：短期套利的資金，受到利率影響較大，所以利率常被視為決定匯率的主要短期因素。各國央行中，常以利率政策來引導匯率。

(六) 政府政策：各國政府對外匯市場的干預。

(七) 市場預期：匯兌心理學認為外匯匯率是，外匯供需雙方對貨幣主觀心理評估的集中體現。評估高，信心強，則貨幣升值。這一理論在解釋短線，或極短線的匯率波動，具有相當的解釋力。

(八) 國際借貸：外匯匯率是由外匯的供給與需求，所決定的。為什麼會對外匯產生需求，是因國際借貸。

外匯的供給

經常帳收入 → 外國居民支付出口品價款

外國居民支付本國居民，在外國的資產利息

外國居民支付出口服務

外國居民對本國移轉支付

金融帳收入 → 短期資本流入

長期資本流入

央行拋售外匯

外匯的需求 → 經常帳支出

金融帳支出

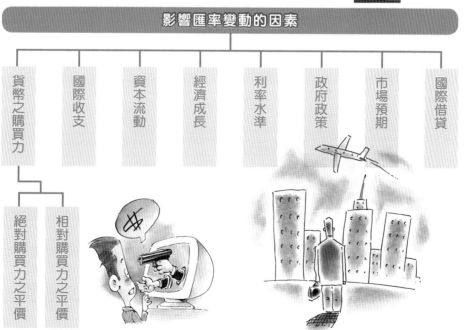

影響匯率變動的因素

貨幣之購買力

國際收支

資本流動

經濟成長

利率水準

政府政策

市場預期

國際借貸

絕對購買力之平價

相對購買力之平價

10-7　外匯市場

　　國際間的交易，必然會牽涉到匯率的問題，匯率的波動，經由各種管道，必然會影響國內經濟。當前全球正形成一個規模空前，金融的資本市場，因此貨幣流通的速度，超過歷史上，任何的時期。若匯率問題處理不當，其影響極大！1997 年泰銖暴跌，所掀起的亞洲金融風暴，即是明證。因此，如果匯率過度波動，勢將影響對外貿易，進而影響我國經濟的穩定與成長。

一、金融市場的類別

(一) **貨幣市場**：短期資金供需交易，如國庫券、商業本票、銀行承兌匯票、可轉讓定期存單。

(二) **資本市場**：屬於長期資金供需交易的市場。

(三) **外匯市場**：如即期外匯、遠期外匯。

二、外匯市場的功能

(一) **國際兌換與清算**：國際間商品與勞務交易，以及資本交易的進行，必須將一種貨幣兌換為另一種貨幣，以進行跨國交易支付。

(二) **融通國際交易**：外匯市場對國際間商品與金融交易，會提供各種外匯資金融通。

(三) **提高國際資金運用效率**：外匯市場係一種近似完全競爭的市場，資金的運用效率較高。

(四) **穩定國際金融**：透過套匯、外匯干預，以及外匯經紀商分散交易等手段，有助於穩定國際金融。

三、外匯市場的參與者

　　　1. 自營商。
　　　2. 經紀商。
　　　3. 各國銀行 (含中央)。
　　　4. 一般企業、跨國企業與個人。
　　　5. 投機者 (外匯炒家，譬如索羅斯)。
　　　6. 套利者。

四、外匯市場的主要特性：多種貨幣所形成，外匯「商品」種類很多。

(一) **敏感且快速反應**：一旦各地匯率出現差距，外匯將在外匯市場間快速移動，匯率立即迅速反應。

(二) **時差**：各個外匯市場的交易時間可能不一致。時差好像把類似的外匯市場分割開了，其實不然，因為後開市的，會參考前面市場的匯率行情。

(三) **價格連動**：外匯市場有多種貨幣，這些貨幣間交互形成各種不同的匯率，且關聯性、互動程度很高。

外匯市場功能

運用效率
提高國際資金

國際匯兌清算
穩定國際金融
融通國際交易

貨幣市場

資本市場

DIJ 113.44
YCH 140.97
GGL 22.16

外匯市場

金融市場類別

外匯市場參與者

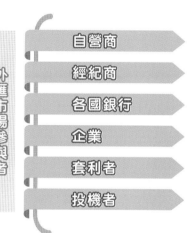

自營商
經紀商
各國銀行
企業
套利者
投機者

外匯市場主要特性

敏感且快速反應　時差　價格連動

Date _____/_____/_____

第 11 章
國際貿易

11-1　貿易理論與利得

11-2　古典國際貿易理論

11-3　要素稟賦理論

11-4　「里昂提夫矛盾」

11-5　重疊需求理論

11-6　貿易依存度、貿易依賴度

11-7　貿易政策、工具

11-8　貿易條件

11-9　貿易政策的工具──關稅

11-10　非關稅貿易障礙

11-11　區域經濟整合

11-12　國際重要經貿組織

11-1 貿易理論與利得

　　臺灣是小型經濟體,由於缺乏多種天然物資(如鐵礦砂),要生存發展,其關鍵就在於提振國際貿易。從荷蘭時期、明鄭時期、清朝、日據時代,到今天國民政府為止,這個局勢並沒有改變。目前臺灣出口占 GDP(國內生產毛額)比重逾 65%,對經濟影響甚鉅。

一、貿易的意義

　　各國以其商品或服務,相互交易,使商品或服務的所有權,產生根本的轉換。國際貿易則是指,跨越國境的貨品和服務交易。

(一) **中文字義**:貿易的意思是交換,以國際貿易而言,就是國際之間相互交易。

(二) **辭海解釋**:物產各異其地,彼此相互交易,為之貿易。行之國內者曰國內貿易,行之國際間者曰國際貿易。

(三) **法律**:根據貿易法第二條所稱的貿易,是指貨品輸出入行為及有關事項。

二、國際貿易的利得

(一) **交換利得**:原本不產奇異果的國家,可以享受奇異果的甘美滋味;原本沒有 HTC 智慧型手機的國家,可以享受智慧型手機。

(二) **專業化利得**:各國專業分工後,所累積的知識與經驗,使品質提升、產量增高。

三、國際貿易的功能

　　1. 提升總體需求的滿足度;2. 促進經濟成長;3. 降低失業率;4. 擴大國家生存空間。國際貿易具有四種重大功能,而臺灣為海島型經濟的國家,顯然經由國際貿易的擴張,來帶動國內經濟成長,是必然之路。

四、全球化的力量

　　湯瑪士・弗利曼 (Thomas L. Friedman) 相信全球化已無法阻擋,擋了也不會有好處。在他所撰寫的暢銷書《地球是平的》(*The World is Flat*),強調推動全球化的主要力量是,柏林圍牆的倒塌、電腦視窗、網路、工作流軟體、開放資源碼、外包、岸外生產、供應鏈、內包管理等。

五、全球化時代國際貿易的特徵

　　1. 提高分工利益;2. 產品生命週期縮短;3. 產業分工明確;4. 要素價格均等化及所得分配惡化;5. 經濟依賴度提高;6. 交易效率提高;7. 商業價值觀與貿易信念漸趨一致;8. 利益重分配:加入貿易者得利,故步自封的產業,獲利所得縮減。

六、國際貿易與國內貿易的差異

　　1. 不同貨幣;2. 不同法律;3. 不同語言文化;4. 不同行銷管道;5. 承受貿易風險不同。

貿易 ┬ 字義 → 交換
      ├ 辭海 → 相互交易 → 國內貿易 / 國際貿易
      └ 法律 → 貨品輸出入行為

國貿利得 → 交換利得 → ex 紐西蘭奇異果 / ex 臺灣 HTC 手機

專業化利得 → 知識經驗↑ / 產量、品質↑

195

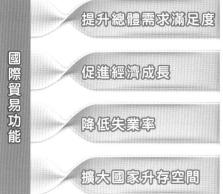

國際貿易功能
- 提升總體需求滿足度
- 促進經濟成長
- 降低失業率
- 擴大國家升存空間

國內貿易與國際貿易差異
- 貨幣不同
- 承受風險不同
- 法律不同
- 行銷管道不同
- 語言不同

全球化時代貿易特徵
- 產業分工明確
- 提高分工利益
- 產品生命週期縮短
- 要素價格均等化及所得分配惡化
- 經濟依賴度提高
- 商業價值觀與信念趨於一致
- 利益重分配
- 交易效率提高

古典國際貿易理論

古典貿易理論的成形，有其當時的背景。但當環境變遷之後，這些主流的經貿理論，也會出現調整。

一、國際貿易理論

1.古典貿易理論：建立在勞動價值的基礎；2.要素稟賦理論：因物產各異其地的根本差異，來說明貿易發生的主因；.3新古典貿易理論：建立在機會成本的基礎上，解釋貿易；4.產業間貿易理論：同業的貿易；5.產業內貿易理論：不同產業的貿易。

二、古典貿易理論

包括 1.重商理論；2.重農學派；3.絕對利益理論；4.相對利益理論；5.保護貿易理論；6.相互需求理論。

(一) **重商理論**：重商主義是國際貿易理論史上，最早的保護貿易理論學說，它發端於 14 世紀的英國，16 到 17 世紀則是全盛時期。1.強調貿易要順差；2.貴金屬是國家富強的象徵，限制金銀條塊輸出；3.鼓勵出口、阻遏進口；4.輸出減稅；5.貿易獨占。

(二) **重農學派**：重農學派起源於法國，從 17 世紀中葉開始，法國由於在重商主義政策之下，糧食不能出口，甚至在國內各省間的盈虧調劑，都有嚴格的限制，因而糧價持續偏低。製造業產品的價格，因保護而價格偏高，遂使農民陷入困頓之中。強調政府不要干涉，應該讓經濟市場自由放任，貿易應該全面自由開放，反對貿易絕對要順差，同時不應忽略農民利益。

(三) **絕對利益理論**：每個國家都輸出絕對利益的產品，如此各國都受益。該理論的基礎是：1.兩國不同的勞動生產力，所造成成本的差異；2.國家應專業生產自己有利的產品，自己不利的產品，則透過貿易方式處理；3.全球總產量可增加，消費利益可擴大。

(四) **比較利益理論**：專業生產具有比較利益的商品，並輸出此種產品，以交換本身比較不利商品的輸入。

1.就進口國而言：所能獲得的貿易利益，大致可列舉如下：(1) 國內的消費者，可以消費更多的商品數量，以達到更高的消費水準；(2) 消費品的種類增多，可滿足消費者各種不同的需求；(3) 進口品價格低廉，可刺激國內生產者學習，以改良進步。

2.就出口國而言：(1) 增加生產因素的就業機會，使閒散的資源得以充分利用，因而提高國民所得水準；(2) 產品推廣到國際市場，產量提高，可達規模經濟；(3) 由於專業化生產，具有比較利益的產品，而減少生產比較不利的產品，可使國際資源的分配更為合理。

国貿理論

古典貿易理論

要素稟賦理論

新古典貿易理論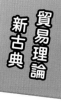

產業間貿易理論

產業內貿易理論

古典貿易理論

重商理論

重農學派

絕對利益理論

相對利益理論

保護貿易理論

相互需求理論

生產力造成成本差異

各國專業分工

全球總產量↑（消費提高）

重商理論
- 貿易順差
- 限制金銀輸出
- 鼓勵出口、阻止進口
- 輸出減稅
- 貿易獨占

絕對利益理論

進口國	比較利益理論	出口國
消費量↑		增加就業機會
消費種類↑		規模經濟
刺激國內研發、創新		資源更有利分配

11-3 要素稟賦理論

　　上班族真「薪」酸！根據行政院主計總處統計，2013 年 1 至 8 月薪資平均為 4 萬 7,208 元，較 2012 年同期減少 0.08%，如果扣除同期間通貨膨脹因素，實質薪資更減少 0.94%，還倒退回 16 年前的水準。為什麼臺灣薪資倒退 16 年，「要素均等化理論」，早就清楚指明！你的薪資所得要換到什麼公司，才能提高，「雷布任斯基」定理 (Rybczynski theorem) 和「斯托爾珀──薩繆森」，為你說清楚。

一、「要素稟賦」理論 (Theory of factor endowment)

　　要素稟賦理論是由兩位瑞典經濟學家 Eli Heckscher 與 Berti Ohlin 發揚光大，簡稱「H─O 理論」。內容是指國際間，各國資源稟賦不同，在這樣狀況下，一個國家要出口相對豐富要素的產品，進口其相對貧乏要素所生產的產品。

二、「H─O 理論」基本概念

　　國際貿易兩個基本的概念，即要素稟賦、要素密集。前者指這個國家，目前所能供應生產要素 (勞動力、土地、資本) 的多寡；後者指在商品內，使用某種生產要素的含量，譬如，某些商品在勞動力豐富的國家，所投入的勞動力含量極高，則稱為勞動密集型。某些商品在資本豐富的國家，則表現為資本密集型。

三、「H─O 理論」核心內容

　　為更有效的利用各種生產要素，實現合理的國際分工，各國應該多生產，並出口本國豐裕生產要素的商品，進口本國稀缺生產要素的商品。

　　在兩國技術相等的前提下，產生比較成本的差異，有兩個主要原因：1. 兩國間的要素，充裕度不同；2. 商品生產的要素，密集度不同。

四、「H─O 理論」三個定理

(一)「要素價格均等化」定理

　　自由貿易不僅使商品價格均等化，而且使要素價格趨於均等化。換言之，當我國與大陸愈來愈開放貿易時，兩岸的工資、土地的價格、資金的成本，就會趨於一致。所以臺灣的工資，當然就倒退了！

(二)「斯托爾珀──薩繆森」定理

　　此定理又稱為收入分配定理。出口產品生產，密集使用充裕的要素，這些要素的擁有者，報酬會提高；從國外進口本國稀缺要素的商品，會使得國內擁有這些稀缺要素的人，報酬會降低。換言之，要加薪嗎？從該理論的說法，就是要跳槽到出口公司。

(三)「雷布任斯基」定理 (Rybczynski theorem)

　　雷布任斯基指出，如果在一個只有兩種商品的世界中，而兩種商品的價格都不變 (即兩種商品的貿易條件不變)，一種生產要素使用增長，將會削減另一種商品的產出。

要素稟賦理論

要素稟賦
（勞動力、土地、資本）

要素密集
（商品內主要生產要素的含量）

要素稟賦理論內容 ➡️

- 兩國要素充裕度不同
- 商品的生產要素密集度不同

👉 要素稟賦理論定理

要素價格均等化 ➡️ 兩邊自由貿易的結果，會使雙方要素價格趨於均等

斯托爾珀——薩繆森 ➡️
- 出口產品的要素擁有者，報酬↑
- 進口產品對國內擁有該要素者，報酬↓

雷布任斯基 ➡️ **假設** ➡️
- 只有兩種商品
- 兩種商品不變

➡️ 多使用某種生產要素，會削減另一種產品產出

知識維他命

「貧困化增長」是指一國出口部門的快速增長，導致該國出口商品的國際市場價格，大幅度下降，貿易條件惡化，所導致的國民福利下降，超過從增加出口供給中，所獲得的收益。

11-4 「里昂提夫矛盾」

一、「里昂提夫矛盾」(Leontief's paradox)

20 世紀 50 年代初，美籍蘇聯經濟學家里昂提夫 (Leontief)，根據 H─O 的理論，用美國 1947 年 200 個行業的統計數據，對其進出口貿易結構，進行驗證。依 H─O 理論推斷的期待，美國為資本相對豐富的國家，所以應出口資本密集財，進口勞動密集財。可是實證研究卻發現，出口的卻是勞力密集財。這項研究被稱為「里昂提夫矛盾」。

「里昂提夫矛盾」雖沒有形成，國際貿易理論的系統性觀點。但它對原有國際分工和貿易理論，提出了嚴峻的挑戰，引發了對國際貿易主流思想的反思，也因此推動了二次戰後，新的國際貿易理論誕生。

二、「里昂提夫矛盾」發生原因

1. 美國勞動生產力較他為高。
2. 進口品的資本／勞動比，不一定等於出口品的資本／勞動比。
3. 國與國生產函數不同。
4. 生產要素不只兩種。
5. 要素密集度逆轉：在甲國是勞力密集生產的，到了乙國卻變成資本密集生產的。
6. 國家需求形態不同。
7. 存在進口貿易障礙與運輸成本。

三、「里昂提夫矛盾」的思考

1. 要素稟賦豐富的資本，貢獻不是最大。反而出口貢獻最大的，卻是要素較少的勞動力。
2. 國家發展策略可以改變國家命運：商品生產要素不具優勢的，可以透過其他方法彌補。譬如，芬蘭本來是木材，極為豐富的國家。按 H─O 的理論，本該輸出木材，但因前蘇聯崩潰，後來竟然能發展出電信產業，也能培養出如 Nokia 的公司。
3. 鼓勵要素稟賦缺乏的國家，不要受制於要素的不足，一切都是可以改變的。
4. 規模可以產生優勢：當產業規模發展到，比其他國家產業更大、更具效率時，廠商成本會減少，此時就會產生優勢。譬如韓國的三星、臺灣的台積電，在國際市場就具有競爭力。
5. 教育可以產生優勢：當我國的人力資源水準，高於其他國家時，而這些優質人力，又投入到我國的出口產業，就會形成比較優勢。

里昂提夫矛盾 → 要素密集度逆轉

里昂提夫矛盾 → 找到「要素稟賦」理論的反面證據

里昂提夫矛盾原因

- 美國勞動力比它國高
- 進口品的資本/勞動比 ≠ 出口品的資本/勞動比
- 各國生產函數不同
- 生產要素不只兩種
- 要素密集度逆轉
- 存在進口貿易障礙與運輸成本
- 國家需求型態不同

 里昂提夫矛盾的思考

里昂提夫矛盾的思考

- 要素最豐富，貢獻卻不是最大
- 國家發展策略可以改變國家命運
- 要素不足的國家，可以改變的
- 規模可以產生優勢
- 教育可以產生優勢

「里昂提夫矛盾」 →
- 挑戰既有國際分工與貿易理論
- 提出國貿理論新思考

內涵 → 美國是資本密集國家，卻出口勞力密集產品

11-5 重疊需求理論

一、「重疊需求理論」(Theory of overlapping demand) 起源

重疊需求理論又稱為「偏好相似理論」(Country similarity theory)。這是林德 (S. B. Linder) 在1961年《論貿易和轉變》一書中，提出了「偏好相似理論」。

(一) 解釋貿易的原因：這是從需求方面，來探索貿易的原因。根據他的研究，「要素稟賦」理論只適用於初級產品的貿易，至於工業產品雙向貿易的發生，那是因為兩國的偏好與需求相似。換句話說，兩國為什麼有貿易？那是由重疊需求所決定的。

(二) 理論的基本核心：1. 產品需求重疊：產品出口的可能性，決定於與它國國內需求的相似度；2. 偏好重疊：兩國的貿易流向、流量，取決於兩國需求偏好相似的程度，需求結構愈相似，則貿易量愈大。

(三) 所得重疊：平均收入是影響需求結構，最主要的因素。

二、「產品生命週期理論」

1966 年雷蒙德 • 弗農 (Raymond Vernon) 在〈產品週期中的國際投資與國際貿易〉一文中指出，美國企業對外直接投資，與產品生命週期有密切關係。清楚的解釋戰後一些國家，從某些產品的出口國，變為進口國的現象。

雷蒙德 • 弗農將行銷學的「產品生命週期理論」，與技術進步結合起來，闡述國際貿易的形成和發展。這個週期在不同的技術水準的國家裡，發生的時間和過程是不一樣的，期間存在一個較大的差距和時差。正是這一時差，表現為不同國家在技術上的差距，從而決定了國際貿易和國際投資的變化。第一階段在國內市場銷售；第二階段為國內市場漸趨成熟；第三階段是進軍國際市場，此時為外銷出口；第四階段國內生產者失去競爭優勢，因此廠商到海外投資設廠；第五階段產品創新國變成產品進口國。

三、「產業內貿易」理論

貿易國家間在同一產業內，彼此同時進、出口，本質相同或相似，但略有差異化的商品，這就形成了所謂產業內貿易 (Intra-industry trade)。這種現象在理論上，係反應貿易雙方的產業分工特質。譬如日本將冰箱壓縮機，賣給臺灣，我國組裝好冰箱後，又賣回日本。為什麼出現此現象呢？因為貿易的進行，是基於比較利益的原則。但因資源稟賦與技術發展條件的限制，各國通常無法同時在有效率的情況下，生產所有中間製品和零組件，因此部分必須依賴進口，而又出口本國具生產優勢的產品。

(一)「產業內貿易」原因：1. 海外投資；2. 消費者偏好；3. 經濟規模；4. 貿易障礙；5. 國與國所得分配不同；6. 國與國要素稟賦差異大；7. 國與國技術差異大。

(二) 案例解釋：典型的型態是產業自臺灣外移至大陸，隨即帶動臺灣地區資本財及其零組件、工業原材料、半成品等出口至大陸，另外也帶動了半成品或製成品回銷臺灣。

重疊需求理論解釋貿易發生原因

↓

偏好與需求相似

重疊
需求

→ 產品需求重疊
→ 偏好需求重疊
→ 所得重疊

産品生命週期
理論 → 行銷學的産品生命週期理論
技術進步 → 說明貿易發生的原因

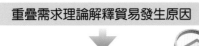 産品銷售

産品銷售	→	第一階段	→	國內市場
		第二階段	→	國內市場成熟
		第三階段	→	國際市場 (貿易發生)
		第四階段	→	海外投資設廠
		第五階段	→	創新國變成進口國 (貿易發生)

SALE

海外投資 →
消費者偏好 →
經濟規模 →

産業內
貿易原因

← 國與國要素稟賦差異大
← 國與國所得分配不同
← 國與國技術差異大

↑

貿易障礙

「産業內貿易」
案例解釋 → 我國出口單車變速器給大陸 (臺商)
大陸組裝好整臺單車後，又回銷給臺灣

貿易依存度、貿易依賴度

貿易在各國經濟發展愈來愈重要，原因是世界貿易依存度長期持續上升。

一、「貿易依存度」意義

「貿易依存度」也稱「外貿依存率」或「外貿係數」，它表示國家對外貿易，對其經濟的重要程度。「貿易依存度」愈高，表示貿易對該國重要程度愈高。

二、「貿易依存度」公式

一般用對外貿易額進出口總值，在國民生產總值或國內生產總值中，所占比重來表示。比重的變化，意味著對外貿易在國民經濟中，所處地位的變化。

貿易依存度＝對外貿易總額／國民生產總值

三、「貿易依賴度」意義

貿易依賴度指一國，對某國貿易的依賴程度。當出口依賴的值愈高，代表對該國出口依賴程度愈高；當進口依賴的值愈高，代表對該國進口依賴程度愈高。

四、「貿易依賴度」公式

貿易依賴度＝對某國進出口總額／該國進出口總額

五、「貿易依賴度」分類

(一) **出口依賴度**：該國對某國的出口總額，占該國出口總額的比例。

【例】出口依賴度＝對某國出口總額／該國出口總額

(二) **進口依賴度**：該國對某國的進口總額，占該國進口總額的比例。

【例】進口依賴度＝對某國進口總額／該國進口總額

六、世界各國貿易依存度特徵

1. 世界貿易依存度不斷上升，說明貿易作用愈來愈重要。2. 發展中國家強烈依賴已開發國家，表示經貿受制於人嚴重。

七、「貿易依賴度」的負面作用：受制於人

我國一直是「美國出口，日本進口」的外貿原則，然而，此種貿易集中在美日的情形，到了 90 年代以後，由於大陸經濟的崛起，而逐漸轉向大陸，成為主要貿易對象。兩岸目前的經濟整合度愈來愈高，使得臺灣對大陸的經貿依賴度，也大幅提升。

從貿易依存度角度來看，臺灣對大陸的高度貿易依賴，將使得我國的經濟易受到大陸經濟波動的影響，也會愈來愈大；大陸對臺灣有統一的最終考量，貿易依賴度可能成為大陸的政治工具。

八、如何避免貿易受制於大陸

臺灣繼續依賴的結果，最後可能對大陸市場，連「不吃嗟來食」的空間都沒有。為避免受制於人的方法：1. 大力創新、研發；2. 引導企業朝向高附加價值領域發展；3. 拓展全球新興市場，分散風險；4. 加強國際策略聯盟；5. 拓展國際通路。

貿易依存度	依存度↑	「外貿」在該國「經濟」重要程度↑
	依存度↓	「外貿」在該國「經濟」重要程度↓

貿易依存度

$$\dfrac{對外貿易總額}{國民生產總值}$$

貿易依賴度

$$\dfrac{對某國進出口總額}{該國進出口總額}$$

貿易依賴度 → 出口依賴 / 進口依賴

對「某國」貿易依賴程度

「貿易依賴度」負面作用 → 受制於人 → 受大陸經濟波動影響大 / 貿易成為大陸政治工具

大力創新、研發

加強國際策略聯盟

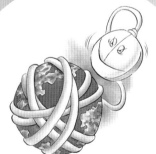

如何避免貿易受制於大陸

企業往高附加價值發展

拓展全球新興市場

拓展國際通路

11-7 貿易政策、工具

　　國際貿易是經濟發展的重要命脈，儘管臺灣缺乏豐沛的自然資源，但靠著堅毅的奮鬥精神，胼手胝足、篳路藍縷打拼，曾經為臺灣創造經濟奇蹟。

一、貿易政策目標

　　1. 自給自足；2. 經濟福利；3. 拓展海外市場；4. 充分就業；5. 國際收支平衡；6. 經濟成長。

二、貿易管制方式

　　我國貿易的主管機關是經濟部國際貿易局，其管理方式如下：

(一) 將進出口貨物分類

　　1. 准進；2. 出口類；3. 管制進、出口類；4. 禁止進、出口類。

(二) 採取許可制度

　　規定超過某限額之進、出口貨物，必須領取輸入、輸出許可證後，方可結匯進口或出口。

三、貿易政策工具

　　1. 關稅；2. 出口補貼；3. 進口配額；4. 自動出口設限；5. 要求本地自製率；6. 出口信用補貼。

(一) 關稅

　　國家授權海關，對出入境的貨物和物品，徵收的一種稅。

(二) 出口補貼

　　政府對本國每單位的出口品，補助一定程度的金額。

　　補貼後，造成生產者剩餘增加；損失的部分有：1. 消費者剩餘減少；2. 社會福利淨減少；3. 效率的損失；4. 貿易條件惡化。

(三) 進口配額

　　進口配額是直接限制進口的數量。實施的結果，將使進口國的福利，大為減少。

(四) 自願出口設限

　　出口國自己限制其出口量，以避免本國產品競爭力過強，造成他國商品滯銷，而引起進口國政府的干涉。最典型例子：日本汽車出口到美國，日本主動限制出口的數量。

(五) 自製率的要求

　　最終商品的製造過程，採購當地的原料或零組件，數量必須達到一定比例，才算是該國的產品。

(六) 出口信用補貼

　　出口則補貼借款利息，主要目的在於降低廠商成本，增強國際競爭力。

貿易管理的方式

貿易管理的方式 →
- 進出口貨物分類 →
  - 准進
  - 出口類
  - 管制進、出口類
  - 禁止進、出口類
- 採取許可制度

貿易政策

目標：
- 自給自足
- 經濟福利
- 拓展海外市場
- 充分就業
- 國際收支平衡
- 經濟成長

工具：
- 關稅
- 出口補貼
- 進口配額
- 自願出口設限
- 要求本地自製率
- 出口信用補貼

知識維他命

貿易工具的趣談

某國掀起了一股前所未有的反韓熱潮，政府下令將國內所有跟韓國有關的商品，全數驅逐回國……。碼頭邊韓貨們正在排隊，等著遣返他們返國的船。三星電視和 LG 電視，手牽著手排在最前面，現代汽車緊跟在後，韓式泡菜也在隊伍中。此時，韓式泡菜發現包心菜，竟然也在隊伍之中，於是就過去問他，韓式泡菜說：「你怎麼來啦？」包心菜淚眼汪汪說：「他們說我是『「高麗」菜……」然後看到排在包心菜後面的蔥，大家也很好奇的問，為什麼他也會出現。蔥說：「他們說我是『三星』產地的。」之後，泡菜發現旁邊，竟然還有巧克力。大家很訝異的問他：「巧克力，你怎麼也在這？」蔥說：「對啊，你不管是念成臺語、英語、菲律賓話、什麼語言都跟韓國沒關係啊！你怎麼會在這？」只見巧克力重重的嘆了一口氣，說：「因為我『含果仁』(韓國人的諧音)」。

韓式泡菜遠遠的望見臺灣地瓜，垂頭喪氣的排在隊伍的最後頭，感到相當的訝異！泡菜說：「你是土生土長的臺灣地瓜，幹嘛來這兒排隊？」地瓜哭喪著臉，幾近崩潰的說：「因為我是『韓籍』(臺語地瓜的諧音)」。

11-8 貿易條件

一、「貿易條件」(Terms of trade, TOT) 意義

　　指一單位外國產品,可以換到本國產品的數量。

二、「貿易條件」計算公式

　　貿易條件是指「出口單位價值」,與「進口單位價值」的比例。

貿易條件指數＝出口價格指數 / 進口價格指數 ×100

三、「貿易條件」改善、惡化

　　當一單位出口貨品可換取的進口貨品增加,代表「貿易條件」改善。反之,當一單位外國產品,可以換到的本國產品數量增加,則代表本國貿易條件惡化。

　　譬如,以上一年為基期,進出口商品價格指數均設定為 100,若一年來進出口商品價格都提高了,但提高幅度不同,出口商品價格提高 10%,進口商品價格提高 5%,則貿易條件提高。換言之,每單位出口產品的利潤率升高,這種蒸蒸日上的局面,即是貿易條件的改善。

　　舉例説明:臺灣以香蕉為代表,紐西蘭以奇異果為代表,本國貨幣貶值前,本國進口 1 億顆奇異果,本國所得為 2 億根香蕉,本國的貿易條件為「2 根香蕉換 1 顆奇異果」。臺幣貶值後,本國貿易條件惡化為,「3 根香蕉換 1 顆奇異果」。

四、「貿易條件」惡化的原因

　　1. 產業競爭力不如對手國。

　　2. 匯率變動。

　　3. 進口品價格提高,譬如,原油或國際原物料價格大幅上漲。臺灣資源稟賦短缺,對國際原物料進口依存度偏高,國際原物料價格上漲,為貿易條件惡化的主因。

　　4. 全球化架構下,新興國家提供大量廉價勞動力。

五、改善「貿易條件」

　　1. 產業結構升級。

　　2. 強化研發創新。

　　3. 發展新藍海產業,以增加對本國產品需求。

　　4. 建立更多國際品牌,提升創新加值。

　　5. 調整匯率:藉由匯率升降改變,來影響一國進出口的相對增減,以促使國際收支恢復平衡。

貿易條件 ➡ 指一單位外國產品，可換到本國產品數量

貿易條件指數 ➡

$$\frac{出口價格指數}{進口價格指數} \times 100$$

改善　　惡化

👉 貿易條件惡化原因

產業
競爭力
不如對手國

匯率變動

進口品價格提高

新興國家提供大量廉價勞動力

產業結構升級

改善
貿易條件

調整匯率

強化研發創新

建立更多國際品牌

發展新藍海產業

11-9 貿易政策的工具──關稅

　　關稅是貿易政策的重要工具，在貿易過程中，關稅負擔的高低，是出口產品能否打入該國市場的重要關鍵。根據 2008 年 6 月 4 日所修正的「關稅法」，所指的「關稅」，是指對國外進口貨物，所課徵的進口稅。

一、貿易障礙的種類

　　1. 關稅障礙；2. 非關稅貿易障礙。

二、關稅的目的

　　1. 保護本國產業；2. 增加財政收入；3. 當遭受不平等待遇時，作為報復工具，如菲律賓槍殺我漁民；4. 外國低價傾銷的防衛工具；5. 用於抵銷對方政府對其產業，出口的補助，造成不公平的競爭。

三、關稅的類別

　　1. 出口關稅；2. 進口關稅；3. 轉口關稅。

四、關稅課徵的方式

(一) 從量關稅：根據進出口數量課稅。

(二) 從價關稅：根據進出口的商品價格課稅。

(三) 混合關稅：這是從量與從價共同使用的關稅。

混合關稅＝從量關稅＋從價關稅

(四) 關稅配額：配額在某種程度內，使用較低的關稅；當數量超過所定的標準時，改採高關稅。

五、關稅課徵的影響

(一) 降低出口競爭力：出口產業所需要的關鍵性零組件，而這些零組件是透過進口的方式取得，在經關稅課徵之後，出口時為反應成本，必然要提高價格，此時就會降低出口競爭力。

(二) 進口物價升高，物價上揚。

(三) 他國的報復。

小博士的話

我國海關創立於清咸豐四年 (1854 年)，由英人赫德 (Robert Hart) 所創，原在大陸沿岸及陸路邊疆，對外通商地點設關徵收關稅。自政府遷臺後，設基隆關、臺北關、高雄關及臺中關。我國關稅局的主管機關為財政部，內設有關政司，承部長之命，負責全國關務行政及關務政策擬定。實際執行關稅稽徵及查緝等業務者，為財政部下屬機構，「關稅總局」及其所屬各地區關稅局。

關稅 → 對國外進口貨物，所課徵的進口稅。

貿易障礙
關稅障礙
非關稅貿易障礙

關稅類別
出口關稅
進口關稅
轉口關稅

👉 關稅目的

關稅目的
保護本國產業
增加財政收入
報復工具
外國傾銷的防衛工具
抵銷對手國的補助

從量關稅
從價關稅
關稅配額
混合關稅
關稅課徵的方式

課徵關稅的影響
降低出口競爭力
進口物價↑
他國報復

近幾年來，國際市場雖朝向自由化發展，關稅也逐步的調降。但非關稅貿易障礙，卻逐漸成為國際貿易發展主要的障礙。其所產生的負面影響，有時更甚於關稅障礙。依據歐盟執委會 2011 年的報告指出，歐盟重要夥伴所採用的非關稅貿易障礙，對於歐盟出品產品，造成了 960-1,300 億歐元的負面衝擊。

一、非關稅貿易障礙的意義

係指一國除了關稅以外，所採取任何有礙於自由貿易進行的各種行政措施，皆可稱為非關稅障礙。非關稅貿易障礙，屬於隱性限制進口的方法。

二、非關稅貿易障礙的種類

全球貿易障礙，主要有 1. 配額；2. 進口許可證；3. 行政指導；4. 外匯管制；5. 進口保證金；6. 國家標準；7. 技術性貿易障礙；8. 通關障礙；9. 貿易救濟措施。

目前在世界貿易組織的規範下，以非關稅貿易障礙的主流，包括 1. 技術性貿易障礙；2. 繁冗的檢驗；3. 通關障礙；4. 濫用貿易救濟措施。換言之，限制進口的方式，愈來愈隱匿。

三、技術性貿易障礙

是指一國以維護國家安全、保障人類健康和安全、保護動植物健康和安全、保護環境等為由，制定的一些強制性，和非強制性的技術法規、標準，使得進口產品的進入門檻變高。

四、檢驗障礙

透過繁冗的檢驗程序，主要的方式為 1. 檢驗程序和檢驗手續；2. 品質認證；3. 包裝和標示；4. 計量單位與條碼。

五、通關障礙

辦理通關手續時，1. 要求提供非常複雜，卻不必要的文件；2. 通關程序耗時，使得具季節性或時效性產品，喪失貿易機會；3. 加徵不合理海關稅費。

六、濫用貿易救濟措施

不合理地使用或濫用 1. 反傾銷；2. 反補貼；3. 防衛等措施。

七、中國大陸對臺灣非關稅貿易障礙

(一) 關務程序：中國大陸的通關程序複雜，通關時間長，進而影響食品鮮度。

(二) 關稅估價：臺灣農會或產地購買水果，並無發票，大陸海關則參考其他同行報價，可能導致價格落差大，使廠商被課高額增值稅。

(三) 檢驗與檢疫：兩岸農畜產品單位並無查廠認證機制，因此我國肉品輸入大陸困難度高。

(四) 認證標準：電器用品欲進入中國大陸市場，需具有 3C 認證。然認證手續之一，須至廠商設立於大陸之工廠進行檢驗，若產品線全在臺灣的廠商，則無法取得認證，並很難進入大陸市場。

配額

濫用貿易救濟措施

進口許可證

通關障礙

非關稅
貿易障礙

行政指導

技術性貿易障礙

外匯管制

國家標準

進口保證金

檢驗障礙

繁冗的檢驗程序

品質認證

商品包裝和標示

計量單位和條碼

濫用貿易救濟措施

反傾銷

反補貼

防衛措施

通關
障礙

要求提供複雜卻無必要的文件

通關程序耗時

加徵不合理海關稅費

關務程序

大陸對臺之
非關稅貿易障礙

檢驗與檢疫

關稅估價

認證標準

11-11 區域經濟整合

　　區域經濟的整合，是當前及未來全球經濟發展，重要的趨勢之一。臺灣為貿易依存度相對較高的國家，要避免因鄰近國家的貿易整合而被邊緣化，所造成對臺灣經濟的影響。因此必須加快尋求與其他國家，簽署自由貿易協定。

一、區域經濟整合的範例

　　目前世界三大區域整合體分別為：歐洲聯盟 (European Union, EU)；北美自由貿易區 (North America Free Trade Area, NAFTA)；以及亞太經濟合作會議 (Asia-Pacific Economic Community, APEC)。

二、區域經濟整合的指標

　　依據三種指標判別整合程度，1. 貿易障礙程度；2. 對外關稅的一致性；3. 生產要素 (勞動力、資金) 自由流動的程度。區域經濟整合程度愈高，三個指標將呈現貿易障礙程度趨近 0，具一致對外的關稅，生產要素自由流動，如歐盟。

三、區域經濟整合的類型

　　根據區域經濟整合程度，可大致分為五種形式：1. 優惠性貿易協定；2. 自由貿易區 (FTA)；3. 關稅同盟 (CU)；4. 共同 (單一) 市場；5. 經濟同盟。

四、區域經濟整合的原因

　　1. 政治；2. 經濟；3. 地緣關係；4. 社會文化及語言。

五、區域經濟整合的經濟效果

(一) 靜態效果

　　1. 貿易創造效果：因關稅及非關稅障礙的去除，使得市場擴大；2. 貿易轉向效果：貿易會轉向區域內的會員國，取代區域外的國家。3. 關稅減少。4. 貿易福利效果：區域內的會員國，可減少各種行政支出，譬如邊界巡邏、海關；5. 強化會員國間的產業分工，與產業內貿易；6. 減少會員國間的貿易摩擦：因經濟合作所建立的諮商機制，可有效減少貿易摩擦。

(二) 動態效果

　　1. 吸引外來投資：如東協十加三，使得市場擴大，因而吸引外來投資；2. 規模經濟效果：市場規模的擴大，可易使產業達規模經濟；3. 區域內廠商的競爭增強，會使資源分配更有效率；4. 強化經濟成長：當兩地的經濟整合時，由於市場的擴大，交易機會增加，雙方的經濟成長，都會產生淨增加的效果。

六、區域整合對非成員國有不利影響

　　區域經濟對會員國來說，是彼此貿易自由化的增進，但對非會員國而言，卻是一種關稅壁壘，或非關稅障礙。如果區域內有關政府採購、通關程序簡化，以及投資自由化等條款或附屬協定，對非成員國不利的程度，也會進一步提高。

貿易障礙程度

$

生產要素
自由流動程度

區域經濟
整合指標

對外關稅一致性

區域經濟整合類型

優惠性貿易協定

自由貿易區

關稅同盟

共同(單一)市場

經濟同盟

政治

經濟

區域經濟
整合的原因

地緣關係

社會文化與語言

貿易創造效果

貿易轉向效果

關稅減少

貿易福利效果

會員國強化分工
與貿易

減少貿易摩擦

靜態效果

區域經濟整合的經濟效果

動態效果

吸引外來投資

規模經濟效果

資源分配更效率

強化經濟成長

世界貿易組織 (WTO)、國際貨幣基金會 (IMF) 與世界銀行集團 (WBG)，是國際經濟體制中，最重要的三大支柱。

一、世界貿易組織 (World Trade Organization，簡稱 WTO)

WTO 在 1993 年成立，是目前最重要的國際經貿組織，甚至號稱為「經貿聯合國」。它的前身是關稅與貿易總協定 (General Agreement on Tariffs and Trade，簡稱 GATT)，現在與國際貨幣基金、世界銀行等密切合作，實際上已成為國際經貿體系的總樞紐。我國在 2002 年 1 月 1 日，以臺灣、澎湖、金門及馬祖個別關稅領域 (The Separate Customs Territory of Taiwan, Penghu, Kinmen and Matsu) 為名稱加入。

(一) 基本核心精神：1. 不歧視原則；2. 漸進式開放市場；3. 約束關稅與非關稅貿易障礙；4. 促進公平競爭；5. 鼓勵發展與經濟轉型。

(二) 主要功能：1. 定期檢討各會員國的貿易政策，促進各國貿易政策透明化；2. 提供會員國諮商，以尋求擴大貿易機會的論壇；3. 有效解決會員國貿易爭端的機制；4. 與其他國際組織合作，制定全球經貿政策。

(三) 決策方式：WTO 會員國根據不同議題，以共識決的方式，決定 WTO 各協定規範內容，及對各會員之權利義務。

(四) 組織結構：最上層為部長會議，旗下設總理事會、貿易政策評審機構、爭端解決機制。

二、國際貨幣基金會 (International Monetary Fund, IMF)

IMF 於 1945 年 12 月 27 日成立，為世界兩大金融機構之一，職責是監察貨幣匯率和各國貿易情況、提供技術和資金協助，確保全球金融制度運作正常；其總部設在華盛頓。

(一) IMF 的由來：為處理戰後國際貨幣秩序問題，由同盟國於 1944 年 7 月 20 日，在美國新罕布夏州 (New Hampshire) 布列敦森林 (Bretton Woods) 召集 44 個國家舉行「聯合國貨幣與金融會議」。在該會議中，決議簽訂「布列敦森林協定」(Bretton Woods Agreement)，這個協定要求會員國，共同出資成立國際性組織，這個組織就是國際貨幣基金會。

(二) IMF 的任務：國際貨幣基金會成立之初，主要有三項任務：1. 要求各會員國設定其本國貨幣的平價 (Par Value)，平價需以 1 盎司等於 35 美元的黃金為基準。平價一經公布，不得任意變更 (事實上後來仍有彈性)。2. 當會員國遇有國際收支失衡時，基金會則提供短期資金融通，協助其度過難關。3. 處理各會員國國際收支，長期失衡的問題。

(二) 資金來源：為達成各種目的，基金會由各會員國，按其「攤額」(Quotas) 出資共同籌成。各國攤額的大小，與表決權有莫大的關係。

三、世界銀行是國際復興開發銀行 (International Bank for Reconstruction and Development，縮寫 IBRD，法語縮寫 BIRD) 的俗稱

　　它成立於 1945 年 12 月 27 日，總部設在美國首都華盛頓，是聯合國的一部分。目前世界銀行由少數經濟強國進行治理，因此管理方式，較缺乏透明度。

(一) **使命**：它最初的使命是，幫助在第二次世界大戰中，遭戰火蹂躪的歐洲國家重建，給予資金融通和低息貸款。今天世界銀行主要幫助開發中的國家，協助教育、農業和工業設施，方式是向成員國提供優惠貸款。在幫助受貸國的同時，也會提出一定的要求，譬如，減少貪汙，或建立民主等。

(二) **決策**：每個成員國的表決權，分兩個部分：1. 是所有成員國相同的；2. 成員國的表決權，按其所占股份的比例不同 (每個成員國繳納的會費不同)。

(三) **資金來源**：主要來自成員國，所繳納的基金和世界銀行債券。

國家圖書館出版品預行編目(CIP)資料

圖解經濟學：最重要概念／朱延智著.--二
版.--臺北市：書泉出版社,2025.01
　　面：　公分
　ISBN 978-986-451-394-9（平裝）

1.CST: 經濟學

550　　　　　　　　　　113018256

3M66

圖解經濟學：最重要概念

作　　　者 ― 朱延智

編輯主編 ― 侯家嵐

責任編輯 ― 吳瑀芳

文字編輯 ― 陳俐君

封面設計 ― 封怡彤

出 版 者 ― 書泉出版社

發 行 人 ― 楊榮川

總 經 理 ― 楊士清

總 編 輯 ― 楊秀麗

地　　　址：106臺北市大安區和平東路二段339號4樓

電　　　話：(02)2705-5066　　傳　　真：(02)2706-6100

網　　　址：https://www.wunan.com.tw

電子郵件：shuchuan@shuchuan.com.tw

劃撥帳號：01303853

戶　　　名：書泉出版社

總 經 銷：貿騰發賣股份有限公司

電　　　話：(02)8227-5988　　傳　　真：(02)8227-5989

網　　　址：www.namode.com

法律顧問：林勝安律師

出版日期：2014 年 3 月初版一刷（共四刷）
　　　　　2025 年 1 月二版一刷

定　　　價：新臺幣320元

經典永恆・名著常在

五十週年的獻禮——經典名著文庫

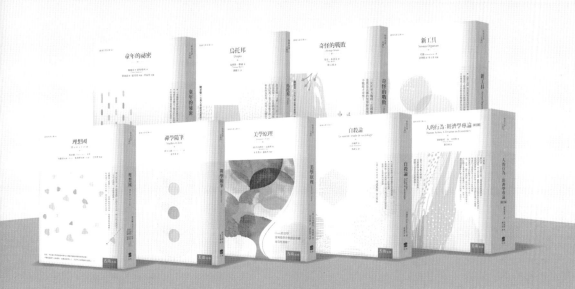

五南，五十年了，半個世紀，人生旅程的一大半，走過來了。

思索著，邁向百年的未來歷程，能為知識界、文化學術界作些什麼？

在速食文化的生態下，有什麼值得讓人雋永品味的？

歷代經典・當今名著，經過時間的洗禮，千錘百鍊，流傳至今，光芒耀人；

不僅使我們能領悟前人的智慧，同時也增深加廣我們思考的深度與視野。

我們決心投入巨資，有計畫的系統梳選，成立「經典名著文庫」，

希望收入古今中外思想性的、充滿睿智與獨見的經典、名著。

這是一項理想性的、永續性的巨大出版工程。

不在意讀者的眾寡，只考慮它的學術價值，力求完整展現先哲思想的軌跡；

為知識界開啟一片智慧之窗，營造一座百花綻放的世界文明公園，

任君遨遊、取菁吸蜜、嘉惠學子！